내 맘이
내 맘 같지 않을 때

내 맘이 내 맘 같지 않을 때

발행일   2019년 5월 22일

저자   박경호
펴낸이   박경호
펴낸곳   야곱과이솝
출판등록   제2019-000002호
주소   경기도 평택시 문화촌로 10 301동 801호
홈페이지   https://blog.naver.com/jacob7asop
전화번호   070-8285-5214
팩스번호   0504-054-0722
이메일   jacob7asop@naver.com

편집/디자인   (주)북랩
제작처   (주)북랩 www.book.co.kr

ISBN   979-11-966854-3-0 03190 (종이책)   979-11-966854-4-7 05190 (전자책)

이 도서의 국립중앙도서관 출판예정도서목록(CIP)은 서지정보유통지원시스템 홈페이지(http://seoji.nl.go.kr)와 국가자료공동목록시스템(http://www.nl.go.kr/kolisnet)에서 이용하실 수 있습니다.
(CIP제어번호: CIP2019016650)

인생의 사막을 건너는 이들에게 전하는 힐링 명언 123

내 맘이
내 맘 같지 않을 때

박경호 지음

"DON'T WORRY! BE HAPPY!"

좋은 글을 나눈다는 것은

세상에는 참 좋은 글들이 많습니다.

수많은 사람들의 경험에서 나온 말들이 같은 처지와 같은 환경 가운데 있는 사람들에게 큰 위로와 힘이 되기도 합니다.

우리가 생각할 때는 흔히 들을 수 있는 그저 평범한 말일 수도 있지만 '동병상련'이라고, 그러한 경험을 해 본 사람의 말과 그러한 처지에 있던 사람들에게 그들의 말은 그 어떤 말보다 큰 도움이 됩니다.

> "남의 책을 많이 읽어라. 남이 고생하여 얻은 지식을 아주 쉽게 내 것
> 으로 만들 수 있고, 그것으로 자기발전을 이룰 수 있기 때문이다."
> - 소크라테스

> "아는 것을 안다고 하고 모르는 것을 모른다고 하는 것이 앎이다.
> 옛것을 익히고 새것을 알면 다른 사람의 스승이 될 수 있다."
> - 공자

> "무엇이든지 남에게 대접을 받고자 하는 대로 너희도 남을 대접하라.
> 이것이 율법이요 선지자니라."
> - 예수 그리스도

남의 책을 읽는다는 것은 그 사람의 경험을 듣는다는 것이며, 그 사람의 생각을 듣는다는 것입니다. 그 때문에 내가 해 보았던 경험에 대하

여는 함께 나눌 수 있고 내가 해 보지 못했던 경험에 대하여 미리 알 수 있기 때문에 자기발전을 위한 아주 쉬운 방법이라고 소크라테스는 이야기하는 것입니다.

좋은 책들은 하고 싶은 것이 없는 사람들에게 꿈을 갖도록 도와주며, 그들이 삶의 무게에 짓눌려 꿈을 잃어버리고 꿈을 잊어버렸을 때 꿈을 찾고 꿈이 기억나게 도와줍니다.

그 때문에 내가 전해 준 책 한 권이, 좋은 글귀 하나가 그들에게 생각의 씨가 되어 그들의 삶이 넓고 깊어질 수 있도록 이끌어 주는 조력자가 되기도 합니다.

매일 책을 읽고, 글쓰기 시작한 것은 '내가 정말 나를 사랑하고는 있는 건가?'라는 생각 때문이었습니다.

'내가 나를 사랑한다면 내가 나에게 사랑을 표현해 본 적은 있나?', '내가 나에게 어떻게 하는 것이 사랑을 표현하는 가장 좋은 방법일까?'

그렇게 스스로에게 질문하다 찾아낸 방법이 내가 나에게 매일 짧은 응원의 편지를 쓰는 것이었습니다. 하루를 즐겁게, 기분 좋게 살 수 있는 글을 읽는 것이었습니다.

매일 아침을 책 읽기와 글쓰기로 시작한다는 것이 쉬운 일이 아니지만 되도록이면 매일 아침 책을 읽고 글을 쓰려고 노력하고 있습니다.

매일 그러는 것은 아니지만 책을 읽다 보면 어떤 글들은 내게 말을 걸어옵니다.

"그래서 너는 오늘 하루를 어떻게 살건데?"
"그러한 너의 결정이 최선이라고 생각해?"
"이 이야기를 전해 줄 다른 사람은 없니?"

이러한 질문에 대답을 하다 보면 하루를 어떻게 살아야 할지 방향을 찾게 됩니다.

그러던 어느 날, 마음속으로 한 가지 생각이 들어왔습니다.

'이 글들을 사랑하는 사람들과 함께 나누면 어떨까? 그들도 하루를 기분 좋게, 즐겁게 시작할 수 있지 않을까?'

그래서 글 나눔을 시작하였습니다. 내가 좋아하는 사람들과 내가 사랑히는 사람들과 함께 하루를 힘차게, 기분좋게 시작하기 위해서 옛 사람들의 이야기와 오늘을 살아가는 현명한 사람들의 이야기에 조금 더 귀를 기울이기 시작했습니다.

2016년 12월부터 시작한 글 나눔을 통해 많은 분들로부터 힘들 때 위로가 되었다는 말을 전해 들었습니다. 매일 기다려지는 메시지라는 말을 전해 들었습니다.

'이 짧은 응원의 메시지가 나에게만 힘과 위로가 되는 것은 아니었구나'라고 생각하니 더 열심히 더 꾸준히 책을 읽고 글을 쓰고 나누어야겠다는 생각이 들었습니다.

가끔씩, 책 읽는 것과 글쓰는 것에 대하여 내 속의 또 다른 내가 '괜찮아. 조금은 게으름 피워도 돼'라고 이야기하지만, 사랑하는 사람들의 "요즘은 메시지가 기다려져"라는 말이 저로 하여금 조금 덜 게으름 피우게 하고 조금 더 힘을 내게 도와줍니다. 지금 나에게 매일 성경 읽기와 책 읽기, 매일 글쓰기와 생각하기는, 해도 좋은 것이 아니라 꼭 해야만 하는 사명이 되었습니다.

어떠한 생각으로 하루를 시작하고 어떠한 생각으로 하루를 마무리하길 원하나요? 그 생각이 나의 하루를 행복하게 만들고 나의 가족과 내가 만나는 사람들에게 기쁨을 주는 생각들이었으면 좋겠습니다. 점점 더 많은 사람들이 좋은 책과 좋은 글, 좋은 생각과 아름다운 마음을 나누며 살면 좋겠습니다. 그래서 우리가 사는 세상이 살맛 나는 세상이 되고, 우리 아이들이 살아갈 미래가 희망으로 가득 찬 세상이 되었으면 좋겠습니다.

정말 세상에는 나누고 싶은 좋은 글들이 참 많습니다!

명언, 우화, 동화, 이야기 탐험가 박경호

CONTENTS

인생의 가치는
삶의 길이에 있지 않고,
그 삶을 무엇으로
채웠는가에 있다.

― 몽테뉴 ―

"당신에게는 진주가 값진 보석이겠지만
나에게 진주는 고난의 흔적입니다."

삶은 아무것도 그려지지 않은 빈 스케치북과 같다고 합니다. 그 빈 공간을 무엇으로 채우고 싶은가요?

어떤 사람은 그 빈 공간을 지식과 명예로 채우길 원할 것이고, 어떤 사람은 그 빈 공간을 돈과 권력으로 채우길 원할 것입니다. 또 어떤 사람은 그 빈 공간을 사랑과 봉사로 채우길 원할 것이고 또 어떤 사람은 도전과 성공으로 채우길 원할 것입니다.

무엇으로 채우든 삶이라고 하는 빈 공간을 쉽게 채우기 위해서는 '열정'이라고 하는 것이 있어야 합니다.

열정은 내가 무언가를 하려고 할 때, 내 안에서 서서히 피어오르는 강렬한 불꽃과 같아서 우리가 삶의 빈 공간을 보다 쉽게 채우도록 도와줍니다. 그 때문에 무엇을 하든지 쉽게 하길 원한다면 꺼지지 않는 열정을 가슴에 품고 있어야 합니다.

앞으로 넓게 펼쳐질 우리 삶의 빈 공간들이 우리가 품은 열정으로 인해 다양한 것들로 풍성하게 채워지길 응원합니다.

* **열정(Passion)**
  어떤 일에 그 누구도 막을 수 없는 강력한 애정을 가지고 정신을 집중하는 것. 또는 내가 나를 스스로 움직이게 만드는 힘.

내 맘이 내 맘 같지 않을 때

모든 변화는 저항을 받습니다.
특히 시작할 때 가장 심합니다.

그러나 기억하십시오.
중요한 것은
'어떻게 시작했는가?'가 아니라,

'어떻게 끝냈는가?'입니다.

— 앤드류 매튜스 —

"남들은 내가 중간에 포기할 거라고 했지만,
천만에 중간에 포기할 거였으면 시작하지도 않았어."

시작이 반이라는 말이 있습니다.

이 말은 '시작하는 것'이 성공의 반을 차지할 만큼 중요한 일이며, '시작하는 것'이 성공의 반을 차지할 만큼 어려운 일이라는 것을 우리에게 이야기하는 것입니다.

그런데 많은 사람들은 이 시작을 아주 대수롭지 않게 생각하여 첫걸음을 잘못 내딛는 경우가 많습니다. '첫 단추를 잘 채워야 한다'는 속담이 있는데도 말입니다.

시작의 중요성을 아는 사람은 끝의 중요성도 아는 사람입니다. 그 때문에 그들은 첫 단추부터 잘못 채웠다는 것을 알게 되면 시간이 걸리더라도 처음부터 다시 시작합니다. 채웠던 단추들을 다시 다 풀고 처음부터 다시 단추를 채우기 시작합니다. 다시 하기 때문에 시간이 더 걸리지만 그것이 제대로 단추를 채우는 가장 빠른 방법이라는 것을 알기 때문입니다. 좋은 결과를 얻을 수 있는 가장 빠른 방법이라는 것을 알기 때문입니다.

그러나 시작의 중요성을 모르는 사람은 '이게 뭐 어때서? 단추 하나가 남는다고 해서 뭐가 잘못되나?' 하며 자신의 실수를 인정하지 않을뿐더러 자신의 잘못된 것을 고치지 않아 나쁜 결과를 얻게 됩니다.

시작이 좋다고 끝이 다 좋은 것은 아니지만, 시작이 좋으면 끝이 좋을 확률은 시작이 나쁠 때보다 훨씬 더 높습니다. 시작과 끝이 좋은 우리이길 응원합니다.

성공을 하려면
본인의 의지가
다른 무엇보다도
중요합니다.

— 베이브러햄 링컨 —

"그래 나도 알아, 내가 선택한 길이 많이 힘들 거라는 것!
그래도 포기하지 않아!
내가 포기하지 않으면 그 누구도 날 포기시킬 수 없으니까."

많은 사람들은 해 보기도 전에 안 된다고 이야기합니다.

왜 그들은 해 보기도 전에 안 된다고 하는 걸까요? 할 마음이 없거나 해 보기도 전에 겁을 먹었기 때문입니다.

직접 해 보았기 때문에 그 경험을 가지고 안 된다고 말하는 사람들도 있지만 '누가 그러는데 힘들다고 하더라', '다른 사람들의 말을 들어 보니 이래서 안 된다고 하더라' 하며 타인의 말만 듣고 안 된다고 말하는 사람들이 더 많습니다.

성공한 사람들은 자신이 정말 하고 싶은 것이 있으면 다른 사람들이 하지 말라고 충고해도 그 충고를 잘 안 듣는 이상한 공통점을 가지고 있습니다.

그들은 다른 사람들의 의견은 참고만 할 뿐 결국 자신이 하고 싶은 것을 자신의 의지대로 꿋꿋하게 밀고 나갑니다.

그들은 어떠한 일을 하는 데 있어서 가장 중요한 것은 자신의 의지라는 것을 알기에 자신의 생각을 자신의 의지에 담아 행동으로 표현합니다. 성공한 사람들에게 행동은 의지와 생각의 또 다른 모습입니다.

내일은 우리의 것이 아니기 때문에 미루면 안 됩니다. 하고 싶은 일이 있다면 이런저런 이유로 미루는 것이 아니라, 단호한 의지를 가지고 행동으로 보여 주는 우리이길 응원합니다.

많은 사람들이 가지고 있는
가장 큰 문제는
자신을 충분히
믿지 않는다는 것입니다.
자신을 경시하는 것은
범죄입니다.

— 프랭크 힐워스 —

"우주로 못 나가는 것이 아니라,
우주로 나갈 마음이 없었던 거겠지!"

차를 몰고 여행을 가다가 길을 잘못 들어 전혀 사람들이 살 것 같지 않은 길로 간 적이 있었습니다. 그런데 놀라운 것은 길이 전혀 없는 그곳에도 사람이 집을 짓고 살고 있다는 것이었습니다. 그러면서 속으로 생각했습니다.

'와, 사람이 정말 대단한 존재구나!'

이처럼 아무것도 없는 외딴 곳에서도 살아가고자 하는 마음만 있으면 살 수 있는 존재가 사람입니다.

1969년 7월 20일이 무슨 날인지 알고 있나요?

그날은 인류가 최초로 달에 착륙한 날입니다. 옛날 이야기에나 나오는 그 달에 정말 사람이 갈 거라고는 아무도 생각하지 못했습니다. 그러나 사람이 마음을 먹고 가려고 하니 모두가 불가능할 거라 생각했던 그 달에 갈 수 있었던 것입니다.

우리가 살고 있는 이 세상에는 두 부류의 사람들이 살고 있습니다. 하나는 자신의 능력을 믿는 사람들이고 또 하나는 자신의 능력을 의심하는 사람들입니다.

자신의 능력을 믿는 사람들은 '할 수 있다'를 외치며 세상을 바꾸고 있고, 자신의 능력을 믿지 못하는 사람들은 '할 수 없다'를 외치며 '할 수 있다'고 믿는 사람들이 만드는 세상에서 살아가고 있습니다.

'할 수 없다'며 자신을 믿지 못하는 우리가 아니라 '할 수 있다'며 자신을 믿어 주는 우리가 되길 응원합니다.

명확한 목적이 있는 사람은
가장 험난한 길에서도
앞으로 나가지만
아무런 목적이 없는 사람은
순탄한 길에서조차도
앞으로 나가지 못합니다.

— 토머스 카알라일 —

"어떤 장벽을 만났을 때 그냥 놔두면 벽이 되지만
뚫어 버리면 문이 되는 거야!"

모든 사람들에게 똑같은 시련이 똑같이 닥친다면, 모든 사람들은 그 시련에 똑같이 대응할까요?

아마도 그 시련에 대응하는 방법은 모두가 다를 것입니다.

큰 시련이든 작은 시련이든 멈추지 않고 앞으로 나가는 사람이 있을 것이고, 그냥 주저앉아서 누군가가 도와주기만을 기다리고 있는 사람도 있을 것입니다.

그뿐만 아니라 앞으로 나가는 사람과 주저앉은 사람들 사이에서 어떻게 해야 할지 몰라 갈팡질팡하는 사람도 있을 것입니다.

목표가 있는 사람과 목표가 없는 사람의 모습은 이렇듯 다르게 나타납니다. 특히 시련이나 어려움이 닥칠 때 이 둘의 차이는 확실하게 구분이 됩니다.

명확한 목표가 있다면 흔들리거나 주저앉아 누군가가 손을 내밀어 이끌어 주길 기다려서는 안 됩니다. 자신을 믿고 앞으로 나가야 합니다. 앞으로 나아가는 것을 포기하지 않는 한, 어떤 시련이나 장애물도 목표를 향해 나가는 우리의 발걸음을 멈추게 할 수 없습니다.

어떤 장벽을 만났을 때 그 장벽을 그냥 놔두면 내 앞을 가로막는 벽이 되지만 그 장벽을 뚫어 버리면 문이 생깁니다. 장애물 너머에 있는 꿈과 목표를 향해 포기하지 않고 전진 또 전진하는 우리가 되길 응원합니다.

궁수는 화살이 과녁을 빗나가면
자신을 돌아보고
자기 안에서 문제를 찾습니다.

화살을 명중시키지 못한 것은
결코 과녁 탓이 아니기 때문입니다.
제대로 맞히고 싶으면
실력을 쌓아야 합니다.

― 길버트 알랜드 ―

"자신이 얼마만큼 노력해 왔는지 백 번 천 번 말하는 것보다
한 번 보여 주면 되는 거야. 얼마만큼 노력해 왔는지!"

그렇죠? 과녁은 아무 잘못이 없습니다. 활과 살도 잘못이 없습니다. 잘못은 활을 쏘는 궁수에게 있습니다.

옛말에 '실력 없는 목수가 연장 탓만 한다'는 것이 있습니다. 이 말은 실력이 없는 목수가 자신의 실력 없음을 인정하지 않고 아무 말도 못하는 연장에게 자신의 잘못을 뒤집어씌운다는 것입니다. 즉, 실력도 없는데 책임감도 없는 것입니다.

그러나 실력이 있는 목수는 어떤 연장을 쓰든지 용도와 상황에 맞게 잘 다루며, 좋지 않은 연장을 사용하더라도 그것을 잘 다듬어 자신이 만들고자 하는 것을 만드는 데 사용합니다. 혹시 실수를 하더라도 자신의 실력이 부족하여 그런 실수를 했다고 인정하지 자신이 사용했던 연장이 나빴기 때문이라며 연장을 탓하며 자신의 책임을 회피하지 않습니다.

요즘에는 좋은 연장들이 너무 많이 나와서 모자란 실력을 채워주기도 하지만 연장이 같다면 실력에 의한 차이는 더욱 분명하게 드러납니다.

활과 살, 과녁을 탓하지 않는 우리가 되었으면 좋겠습니다. 매일 꾸준하게 실력을 쌓아 목표한 것은 백발백중시킬 수 있는 우리가 되었으면 좋겠습니다.

인생이라고 하는 긴 경주에서 실력으로 정정당당하게 금메달을 목에 거는 우리이길 응원합니다.

내 맘이 내 맘 같지 않을 때

이 세상에서
성공하는 비결은
타인의 관점을 잘 포착해
그들의 눈으로
사물을 볼 수 있는 힘을
갖는 것입니다.

— 헨리 포드 —

"딸, 그렇게 색칠하는 거 아냐!"
"그건 아빠 생각이잖아요. 나는 이렇게 칠하는 게 더 좋아요.
그거 알아요? 아빠는 너무 아빠 생각만 해요."

역지사지의 자세에 대하여 말하는 사람들은 많지만, 역지사지의 자세를 행동으로 옮기는 사람은 많지 않습니다.

많은 사람들이 역지사지의 자세가 세상을 살아가는 데 꼭 필요한 자세라는 것을 알고 있으면서도 왜 실천하지 못하는 걸까요? 그것은 타인의 관점에서 사물을 보는 것보다 자신의 관점에서 사물을 보는 것이 더 익숙하기 때문입니다. 이해하기보다 비교하고 판단하는 것이 더 익숙하기 때문입니다.

우리 아이들도 부모님이 자신들을 다른 아이들과 비교하는 것을 싫어하면서 똑같이 부모님을 다른 부모님들과 비교합니다. 부모님을 통하여 자신도 모르게 자신의 관점에서 상대방을 보고 판단하는 것을 배운 것입니다.

성공의 지름길은 비교하고 판단하는 것이 아니라, 상대방을 이해하고 상대방의 관점에서 상대를 이해하려고 노력하는 것입니다.

타인의 관점으로 세상을 볼 수 있는 역지사지의 자세를 머리로 알기만 하는 우리가 아니라, 가슴으로 실천하는 우리가 되길 응원합니다.

* 역지사지(易地思之)
  『맹자』의 「이루」 상 편에 나오는 '역지즉개연(易地則皆然)'에서 유래된 말로 다른 사람의 처지에서 헤아려 보라는 말로 사용된다.

유능한 리더는
사랑받고 칭찬받기 위해
일하는 사람이 아닙니다.
그는 그를 따르는 사람들이
올바르게 일을 하도록
도와주는 사람입니다.
리더십은 인기를 얻는 것이 아니라
성과를 만드는 것입니다.

— 피터 드러커 —

"나만 그런가? 쟤를 따라가면 왠지 즐거워."
"너도 그러니? 나도 그런데. 왜 그런 거지?"
"쟤를 따라가면 먹는 것은 걱정하지 않아도 되잖아!"

유대인들이 성경 외에 또 다른 경전으로 여기는 『탈무드』에는 다음과 같은 말이 있습니다.

"자녀를 정말 사랑한다면 물고기를 잡아 주지 말고, 자녀들이 물고기 잡을 수 있는 방법을 가르쳐 주어라."

부모가 배고픈 자녀에게 물고기를 잡아 주면 자녀는 한 끼를 풍족하게 먹을 수 있지만, 부모가 배고픈 자녀에게 물고기 잡는 방법을 가르쳐 주면 그 자녀는 평생을 풍족하게 먹을 수 있기 때문입니다.

분명 물고기를 잡아 주는 부모는 자녀들에게 물고기를 잡아 주는 동안에는 자녀로부터 사랑을 받을 것입니다. 그러나 계속해서 물고기를 잡아 주지 않는다면 자녀들은 부모님이 계속해서 물고기를 잡아 주지 않으므로 부모를 원망할 것입니다.

반대로 자녀들에게 물고기를 잡도록 가르치는 부모는 자녀들이 물고기를 잡도록 가르치는 동안에는 물고기를 잡아 주지 않으므로 자녀로부터 원망을 듣겠지만, 자녀들이 스스로 물고기를 잡을 수 있게 되었을 때는 자녀들로부터 평생 물고기 걱정은 하지 않아도 되는 것에 대한 감사를 받게 될 것입니다.

부모로서 자녀들에게 사랑받고 인기를 얻는 것도 중요하지만 더 중요한 것은 자녀들이 세상을 올바르게 잘 살아가도록 이끌어 주는 것입니다.

우리 아이들이 자신의 문제는 스스로 해결할 수 있도록 잘 이끌어 주는 우리이길 응원합니다.

'아는 것'이 힘이던 시대는
지나갔습니다.
생각이든 결심이든
실천하지 않으면
아무 소용없습니다.
아무것도 달라지지 않습니다.
'하는 것'이 힘입니다.

― 우종민 ―

"내 목에 방울을 달겠다고?
그래, 어디 한 번 해 봐! 할 수 있으면."

『이솝 우화』에 보면 「고양이 목에 방울 달기」란 이야기가 있습니다. 이야기의 줄거리는 다음과 같습니다.

어느 한 농가에 무서운 고양이 때문에 마음 놓고 밖을 돌아다닐 수 없는 쥐들이 모여 회의를 했습니다.

회의의 주제는 '어떻게 해야 고양이부터 자유로울 수 있을까?'였습니다. 많은 쥐들로부터 다양한 방법들이 나왔지만 그다지 실용적이지 않아 채택되지 않았습니다.

모두가 실망하고 있을 때, 쥐 한 마리가 고양이 목에 방울을 다는 것은 어떠냐고 제안하였습니다. 고양이 목에 방울을 달면 고양이가 움직일 때마다 방울 소리를 통해 고양이가 오기 전에 도망할 수 있으니 고양이로부터 자유로울 수 있을 거라고 주장했습니다. 모든 쥐들이 그 쥐가 내놓은 방법이 정말 좋다며 찬성하였습니다. 그때 늙은 쥐가 모두에게 물었습니다.

"그럼, 누가 고양이 목에 방울을 달러 갈 건가?"

자신이 달겠다는 쥐가 있었을까요? 없었을 것입니다. 그렇습니다. 아무리 좋은 방법이 있어도 실천하지 못한다면, 쓸모없는 것이 되고 맙니다. 부뚜막의 소금도 넣어야 짜듯이 머릿속 생각도 실천해야만 쓸모 있는 것이 되고 가치 있는 것이 됩니다.

생각만 하는 우리가 아니라 생각한 것을 실천으로 옮기는 우리이길 응원합니다.

장미를 보고
어떤 생각을 하시나요?
'아름다운 꽃에
이런 가시가 생기다니'
라고 생각하지 마시고,
'가시나무에 이렇게
아름다운 꽃이 피다니'
라고 생각하세요.

— 정호승 —

장미 = 꽃 + 색 + 향기 + 잎 + 그리고 가시

성공하는 사람들과 성공하지 못하는 사람들의 차이는 바로 '관점'에 있습니다.

성공하는 사람들에게 문제는 다음 단계로 올라가기 위한 디딤돌이 되지만 성공하지 못하는 사람들에게 문제는 자신의 앞길을 막는 장애물이 됩니다. 그래서 성공하는 사람들은 문제를 만날 때 좌절하거나 절망에 빠지지 않습니다. 오히려 문제를 만났다는 것을 즐거워합니다. 왜냐하면 문제를 만났다는 것은 이 문제 너머에 성공이 기다리고 있다는 의미임을 그들은 알고 있기 때문입니다.

반대로 성공하지 못하는 사람들은 문제를 만나는 것을 싫어합니다. 왜냐하면 이 문제가 나를 좌절시킬 것이고 나를 괴롭힐 것이라고 생각하기 때문입니다. 그뿐만 아니라 문제는 나를 성공으로부터 점점 더 멀어지게 하는 아주 나쁜 놈입니다.

지금 우리는 우리 앞에 놓인 문제를 어떠한 관점에서 바라보고 있나요? 그 문제가 가지고 있는 뾰족한 가시 부분만 보고 접근하기를 겁내고 있지는 않나요?

사람들은 이야기합니다.

"장미에 가시가 없으면 장미가 아니지!"

문제가 가지고 있는 뾰족한 가시를 보는 것이 아니라, 문제 사이에서 피어나는 아름다운 꽃과 그 꽃이 내뿜는 좋은 향기에 감사할 수 있는 우리가 되길 응원합니다.

내 맘이 내 맘 같지 않을 때

인생은 놔두는 대로 되는 게 아닙니다.

인생은 생각하는 대로 되는 것입니다.

마음을 먹기에 따라

모든 것이 결정되는 것입니다.

생각하지 않고 산다면
살아가는 대로 생각하게 될 것입니다.

— 조엘 오스틴 —

"내 인생은 내가 결정하는 거야.
상황이 내가 생각했던 것과 다르게 바뀔 수는 있어도
내가 나답게 살 것이란 사실만큼은 절대 바뀌지 않아."

생각은 우리가 생각하는 것보다 훨씬 더 큰 힘을 가지고 있습니다. 생각이 가지고 있는 놀라운 힘에 의해서 우리가 지금 경험하고 있는 세상의 모든 것들이 만들어졌습니다. 자동차도 기차도 비행기도 우주선도 다 생각이 가지고 있는 힘에 의해서 만들어진 것들입니다.

지금 여러분은 무엇을 생각하고 있나요?

좋은 일들은 좋은 생각에 의해서 만들어지고, 나쁜 일들은 나쁜 생각에 의해서 만들어집니다.

"거짓말! 생각지 못한 일들이 생기기도 하는걸."

맞습니다. 전혀 생각지 못한 일들이 생기기도 합니다. 그래도 우리는 감사해야 합니다. 왜냐하면 갑자기 생긴 돌발상황들은 신이 우리의 상상력을 자극하고자 우리를 위해 준비한 상상력 촉진제와도 같기 때문입니다.

오늘까지의 우리 삶은 지금껏 우리가 지금까지 해 온 생각들이 만들어 낸 결정체이며, 우리의 미래 또한 우리가 계속해서 생각하는 것들로 만들어질 것입니다. 생각지 못한 일들이 생겨 당황스럽기도 하겠지만 멋진 미래를 맞이하고 싶다면 어떤 상황에서든지 좋은 생각을 하기로 결정해야만 합니다.

우리의 삶이 우리가 상상하는 멋진 생각들로 가득 채워지기를 응원합니다.

물은 어떤 그릇에
담느냐에 따라
모양이 달라지지만
사람은 어떠한 사람을
사귀느냐에 따라
운명이 결정됩니다.

― 하구찌 히로타로 ―

"별이 되고 싶다고? 걱정 마!
네가 반짝거리는 별이 되도록 우리가 도와줄게!"

사람의 만남에는 '차라리 만나지 않는 것이 좋을 뻔했어'라는 만남과 '널 만나지 않았으면 어쩔 뻔했어'라는 만남이 있습니다. 모든 만남이 '널 만나지 않았으면 어쩔 뻔했어'라는 만남일 수는 없겠지만, '널 만나지 않는 것이 좋을 뻔했어'라고 말하는 만남은 만들지 말아야 합니다.

그러나 돌이켜 보고 주변을 살펴봐도 사람의 만남은 뜻대로 되는 것이 아닌 것 같습니다.

죽고 못 살 것처럼 난리를 피워 결혼을 한 연인들이 원수가 되어서 헤어지고, 보기만 하면 서로 못 잡아 먹어 으르렁대던 사이가 떨어질 수 없는 사이가 되어 결혼하고, 친구가 적이 되고 적이 친구가 되는 걸 보면 정말 사람의 만남은 예측하기가 참 어렵습니다.

우리의 모든 만남이 '널 만나지 않았으면 어쩔 뻔했어'라는 만남이 될 거라 확신할 수는 없지만, '차라리 널 만나지 않는 것이 좋을 뻔했어'라는 만남이 되지 않도록 노력할 수는 있습니다.

'널 만나지 않았으면 어쩔 뻔했어'라고 말하는 사람들이 점점 늘어나는 우리의 만남이 되었으면 좋겠습니다. 그래서 사람들을 만나는 것이 행복한 우리가 되었으면 좋겠습니다.

우리의 만남이 서로에게 큰 축복이 되기를 응원합니다.

당신의 꿈을 과소평가하는

사람들을 멀리하십시오.

소인배들은 항상

그런 태도를 취합니다.

그러나 위대한 사람들은

당신도 위대해질 수 있다고

느끼게 도와줍니다.

— 마크 트웨인 —

"와우 정말 대단한걸.
나 같았으면 그런 생각은 못했을 거야. 정말 대단해!"

'친구 따라 강남 간다'라는 속담이 있습니다.

이 속담은 '하고 싶지 않은 일을 친구 때문에 덩달아 하게 된다'는 의미로 사용되는 속담이지만 어떤 친구를 사귀느냐에 따라 머무는 위치와 가는 곳도 다르다는 의미로도 사용됩니다. 그만큼 친구 사귀는 것이 중요하다는 이야기입니다.

우리 주변의 모든 사람들이 다 우리의 친구가 될 수 있습니다. 그러나 그 모든 사람들이 다 좋은 우리의 좋은 친구가 될 수 없습니다. 또한 우리 주변의 모든 사람들이 다 나쁜 사람은 아니지만 그 사람들을 다 곁에 두어야 하는 것도 아닙니다. 그래서 옛 성인들은 친구를 사귐에 있어서 가려서 사귀는 것이 필요하다고 후세의 사람들에게 조언을 했습니다.

실제로 성공한 사람들 옆에는 그들의 곁에서 그들을 위해 헌신하고 믿어 주며 그들이 좌절하여 절망 가운데 빠지지 않도록 격려해 주는 사람들이 있었습니다.

지금 우리의 옆에는 어떠한 사람들이 있나요?

우리의 꿈을 비웃는 사람들보다 우리의 꿈을 믿어 주고 격려해 주는 사람이 더 많이 있었으면 좋겠습니다. 나의 부족을 지적하는 사람보다 부족함을 채워 주는 사람들이 더 많이 있었으면 좋겠습니다.

그래서 그들과 함께 좋은 꿈을 꾸고, 재밌는 도전을 하게 되는 우리이길 응원합니다.

내 맘이 내 맘 같지 않을 때

탁월한 인물들이 가진
공통점 중 하나는
결코 다른 사람과 자신을
비교하지 않는 다는 것입니다.

— 브라이언 트레이시 —

"그렇게 뚫어져라 쳐다본다고 해서,
보석인 내가 돌멩이가 되는 것은 아니야.
나는 누가 뭐래도 보석이니까!"

우리는 우리 자신을 그 누구와도 비교해서는 안 됩니다. 왜냐하면 우리는 세상에서, 아니 온 우주에서 단 하나뿐인 존재이기 때문입니다.

세상의 모든 것에 희소성의 법칙이 적용된다면 우리는 세상에서 단 하나뿐인 존재이기 때문에 우리의 가치는 그 무엇으로도 바꿀 수 없을 만큼 소중하고도 귀중합니다.

그 때문에 우리는 우리 자신을 그 누구보다 사랑하고 존중해 주어야 합니다.

남들이 우리를 우습게 본다고 해서 우리도 덩달아 자신의 가치를 스스로 깎아내릴 필요는 없습니다. 스스로를 괴롭히고 힘들게 할 이유도 없습니다.

다이아몬드의 가치는 인정하면서 사람의 존재 가치를 인정하지 않는 사람이 점점 더 많아지고 있으며, 생명의 가치를 돈의 가치보다 낮게 평가하는 사람들이 점점 더 많아지고 있습니다.

돈과 사람 중에서 무조건 사람을 먼저 선택할 수 있는 우리였으면 좋겠습니다. 존재하는 것만으로 그 가치를 측량할 수 없는 소중한 존재가 '나'라는 사실을 잊지 않는 우리였으면 좋겠습니다. 생명의 가치와 자신의 가치를 세상의 그 무엇보다 소중한 것으로 생각하는 우리이기를 응원합니다.

고난은 내 안에서 잠자고 있던

용기와 지혜를 깨워 주고

용기와 지혜가 없을 때는

창조해 내기도 합니다.

그래서 우리는 고난을 통해
영적으로나 정신적으로나

성장을 하는 것입니다.

— 스코트 펙 —

"나도 내가 이런 생각을 할 수 있을 거라고는 상상도 못했어!
그런데 문제가 닥치고 해결하려고 하니 없던 능력도 생기네."

'남의 떡이 더 커 보인다'는 말이 있습니다.

실제로는 내가 가진 떡이 더 크더라도 그렇게 생각하게 된다는 것입니다. 최근 과학자들이 밝혀낸 바에 따르면 사람이 어떤 행동을 할 때 같은 행동을 하는 다른 사람을 보면 객관적인 판단을 하기 힘들다고 합니다. 왜 그런 걸까요? 비교하는 마음 때문입니다. 비교하면서 자신만 손해 본다고 생각하기 때문입니다.

나만 힘들고, 나만 괴롭지 않나요? 그러나 절대 그렇지 않습니다. 세상 사람 모두가 다 비슷한 삶을 살아갑니다. 그 문제에 대처하는 방법이 조금씩 다를 뿐인데, 우리는 그들의 방법이 나의 방법보다 낫다고 생각하며 더 힘들어할 뿐입니다.

어떤 이는 고난이 가져오는 지혜와 용기를 발견하여 한 단계 더 높은 곳으로 나갈 수 있는 힘을 얻지만, 어떤 이는 고난이 가져오는 지혜와 용기를 발견하지 못한 채 고난이 주는 아픔과 고통에 짓눌려 앞으로 나아갈 생각은 하지 않고 주저앉아 자신의 상황을 탓하기만 합니다.

'이것만 아니었어도 내가 이렇게 되는 일은 없었을 텐데.'

아이들도 아프고 나면 조금 더 성장하는 것처럼 우리가 만나는 고난을 통해 우리 또한 더 성장하는 것입니다.

고난이 가져오는 지혜와 용기를 디딤돌 삼아 오늘도 성장하는 우리이길 응원합니다.

우리의 내일은
오늘 내가 어떠한 생각을 하느냐에
달려 있습니다.
실패한 사람들의 생각은 생존에,
평범한 사람들의 생각은 현상유지에,
성공한 사람들의 생각은
발전하는 것에 집중되어 있습니다.

— 존 맥스웰 —

"오늘이라고 하는 공간과 내일이라고 하는 공간 속에
무엇을 어떻게 그려 넣으면 더 재밌고 즐겁고 신이 날까?"

사람들은 생각하는 것이 뭐가 어렵냐고 이야기합니다. 그러나 생각하는 것은 정말 어려운 일입니다. 심지어는 생각하는 것 때문에 머리가 터질 것 같다고 이야기하는 사람들도 있습니다.

'머리가 달린 사람이라면 다 생각하며 사는 거 아냐?'라고 말할 수 있지만, 머리를 장식처럼 달고만 사는 사람들도 있다는 것을 알아야 합니다.

'에이, 말도 안 돼. 누가 머리를 장식처럼 달고만 다녀?'라고 하시겠지만 곰곰이 생각해 보십시오. '아, 그동안 내가 아무 생각 없이 살았구나!'라고 한탄한 적은 없었는지.

뇌 과학자들은 뇌도 근육이 있기 때문에 생각을 하지 않으면 생각하는 능력이 떨어진다고 합니다. 그런데 먹고사는 데 초점을 맞춰서 살다 보니, 현상 유지를 하는 것에 초점을 맞춰서 살다 보니, 어떻게 사는 것이 나답게 사는 것인지 생각해 보지도 못하고 반복적인 삶을 살았던 것입니다. 인생을 얼마나 즐겁고 신나고 재미나게 살고 계신가요?

자신의 삶을 돌아보고, 자신의 삶을 계획함으로써 매일매일 조금씩 성장하는 우리였으면 좋겠습니다. 그래서 생각 근육이 매일매일 튼튼해지는 우리였으면 좋겠습니다. 생각하는 것을 통해 즐겁고 행복한 나만의 그림을 그려 가는 우리이길 응원합니다.

성공이란
시간이 흐르면 흐를수록
나의 가족과
나의 주변 사람들이
점점 더 나를
좋아해 주는 것입니다.

― 짐 콜린스 ―

"성공을 했어도 나의 성공을 함께 기뻐해 줄 가족이 없다면,
친구가 없다면, 아무도 없다면?"

우리가 자주 사용하는 말 중에 '가화만사성'이란 말이 있습니다. 가정이 화목하면 모든 일들이 잘된다는 이야기인데 이 말은 『명심보감』「치가」의 '자효쌍친락 가화만사성'(자식이 효도하면 부모가 즐겁고 가정이 화목하면 모든 일이 잘 이루어진다)에서 유래한다고 합니다.

사람들은 으리으리한 집에 살면서 좋은 차 끌고 다니며, 돈을 펑펑 쓰는 사람들을 보며 그 사람과 같이 살기를 희망합니다. 그 사람을 성공했다고 말하며 그 사람이 가진 것과 그 사람이 누리는 것을 부러워합니다. 그렇게 그 사람의 모든 것을 부러워하다가 그 사람의 가정이 평안하지 않고 불화가 가득하다는 것을 알게 되면 다음과 같이 말합니다.

"돈이 많으면 뭘 해. 사는 게 가시방석인데."
"그 집은 부모 재산 때문에 자식들이 매일 싸워."
"그 사람이 웃어도 웃는 게 아니야. 참 안쓰러워."

부러워할 만한 성공을 이룬 사람들의 공통점 중의 하나가 가정이 화목하다는 것입니다.

"저는 그래도 성공을 하고 싶어요."

정말 그러길 원하시나요? 자신의 성공을 함께 기뻐해 줄 가족이 없다면? 자신의 성공을 함께 나눌 사람 하나 없다면 성공의 기쁨이 오랫동안 유지될까요? 진정한 의미에서의 성공이라고 할 수 있을까요?

가족의 행복이 없는 성공은 모래 위에 성을 짓는 것과 같습니다. 함께 기뻐해 줄 사람이 없는 행복은 겉은 화려해 보이지만 어느 순간 훅하고 무너져 내리는 성공입니다.

우리의 성공이 가족과 더불어 나눌 수 있는, 사랑하는 사람들과 함께 나눌 수 있는, 모두에게 기쁨이 되는 그러한 성공이길 응원합니다.

"나에게는 딸들에게 좋은 아빠가 되고자 하는 목표가 있습니다.
나는 일주일에 5번 이상 가족들과 함께 저녁식사를 할 것입니다."
- 버락 오바마 -

신의 경제학은

아주 단순합니다.
그것은 주는 만큼 받는다는 것입니다.

이익을 바라고 주는 것이 아니라

순수한 마음으로 주어야 합니다.

물질적인 것뿐만 아니라
내가 얻은 행복, 친절,
사람들과의 관계도 나누어야 합니다.

― 나폴레온 힐 ―

"나 그거 갖고 싶어. 그거 나 주라!"

"알겠어. 자, 받아!"

내 맘이 내 맘 같지 않을 때

'행복을 나누면 배가 되고 슬픔을 나누면 반이 된다'는 말이 있습니다. 과연 이 말이 사실일까요?

버지니아 대학의 짐 코헨 교수는 스트레스와 관련하여 흥미로운 실험을 하였습니다. 그것은 한 여성에게 위협적인 전기 충격을 주어 스트레스 지수를 확인하는 것이었는데 다음과 같이 실험 유형을 3가지로 구분하였습니다.

1. 혼자 있을 때 전기 충격 주기
2. 낯선 사람의 손을 잡고 있을 때 전기 충격 주기
3. 남편의 손을 잡고 있을 때 전기 충격 주기

어떤 결과가 나왔을까요? 예상하신 것처럼 혼자 있을 때 가장 심한 스트레스를 받았고, 남편의 손을 잡고 전기 충격을 주었을 때는 스트레스가 거의 없었다고 합니다. 슬픔을 나누면 반이 된다는 말이 과학적으로 증명된 것입니다. 그런데 언제부터인가 우리는 자신의 행복을 나누는 것이 아니라 자신의 행복을 자랑하고, 다른 사람의 행복을 축하해 주는 것이 아니라 다른 사람의 행복을 시기, 질투하며 살아가고 있습니다. 또 남들에게 약한 모습을 보이기 싫어서 슬픔과 아픔도 혼자 간직하며 견디어 내려고 몸부림칩니다.

행복을 나누는 것이 불편한 게 아니라, 슬픔을 나누는 것이 창피한 것이 아니라, 나눌 수 있는 것만으로 행복한 우리였으면 좋겠습니다. 하나 더 가져서 행복한 우리가 아니라 하나 더 나눌 수 있어서 행복한 우리가 되기를 응원합니다.

파브르는 곤충에 미쳐 있었습니다.

포드는 자동차에 미쳐 있었습니다.

베디슨은 전구에 미쳐 있었습니다.

지금 당신은 무엇에 미쳐 있는지

점검해 보십시오.

왜냐하면 당신이 미쳐 있는 그것이

실현되기 때문입니다.

— 폴 마이어 —

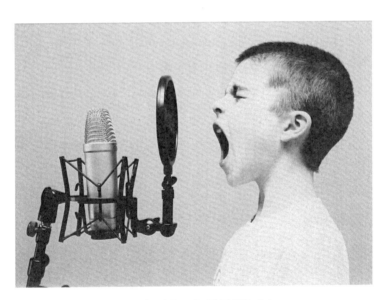

"지금 내 모습을 보면 미친 것 같을 거야.
하지만 10년 뒤에도 여전히 미쳤다고 생각할까?"

내 맘이 내 맘 같지 않을 때

'미치다'의 국어사전적 의미는 사람이 무엇에 관심을 보이는 정도가 정상적인 경우보다 지나치게 심하거나 비정상적으로 열중하는 것입니다.

또 다른 국어사전적 의미는 무언가를 이루고자 하는 대상이 어떤 장소나 기준치에 가까이 가거나 이르는 것입니다.

이런 의미를 가진 '미치다'는 우리에게 긍정적인 의미보다는 부정적인 의미로 사용될 때가 많습니다. 그러나 성공한 사람들은 성공을 원하는 사람들에게 '미쳐야 된다'고 조언합니다.

성공한 사람들에게 미치는 것은 이상한 일이 아니라 당연한 일입니다. '꿈'이라고 할 만큼 도달하기 힘든 것을 현실로 만들기 위해서는 미쳐야만 가능하다는 것을 그들은 경험을 통해 알고 있습니다.

그래서 제정신인 사람들에게 꿈꾸는 사람들은 몽상가처럼, 미친 사람처럼 보이는 것인지도 모르겠습니다.

꿈에 다가갈 수 있는 유일한 방법은 우리가 꾸고 있는 꿈에 미치는 것입니다. 미치지 않고는 우리가 원하는 미래의 꿈을 현실로 만들 수 없습니다.

꿈을 꿀 뿐 아니라 꿈을 현실로 만들기 위해 자신이 꾸고 있는 꿈에 미치는 우리이길 응원합니다.

사람을 바꾸는 방법은
3가지뿐입니다.
시간을 다르게 쓰는 것이고
새로운 곳에 사는 것이며
새로운 사람을 사귀는 것입니다.
'새로운 결심을 하는 것'만으로는
사람은 변하지 않습니다.

— 오마에 겐이치 —

"내가 움직이지 않으면 변하는 것은 아무것도 없어.
그동안 미루었던 여행을 통해 잃었던 진정한 내 모습을 찾는 거야."

내 맘이 내 맘 같지 않을 때

실천으로 드러나지 않는 생각은 헛된 생각입니다.

'배가 고프다. 맛있는 밥을 먹고 싶다'라고 생각을 했다면 부엌으로 가서 요리를 해야 합니다. 맛있는 밥을 먹고 싶은데 가만히 소파에 앉아서 TV만 보면서 '맛있는 밥을 먹고 싶다'라고 생각해봐야 절대 맛있는 밥을 먹을 수는 없습니다.

"전화로 주문하면 되죠."

그러기 위해서는 전화를 걸어야 합니다. 전화를 걸어서 주문을 하는 것도 생각한 것을 실천하고 있는 것입니다. 거창한 행동만이 실천이 아니라 이렇게 사소한 것도 생각한 것을 실천하는 것입니다. 그 때문에 생각만 해서는 생각한 것을 얻을 수 없습니다. 지금의 자신이 마음에 들지 않아서 다른 모습으로 바뀌길 원한다면 생각만 하지 말고 행동해야 합니다.

생각만으로 그치면 실망을 덜 하지만 행동으로 옮겨서 실패할 경우가 걱정되시나요? 학자들은 72시간 안에 나의 결심을 행동으로 드러내면 성공할 확률이 90%라고 합니다.

생각만 하는 우리가 아니었으면 좋겠습니다.

원하는 것을 얻기 위해 행동하는 것을 주저하지 않는 우리이길 응원합니다.

사람을 사랑하는데
그가 나를 사랑하지 않는다면
나의 사랑에 **부족함**이 없었는지를
살펴봐야 합니다.
사람을 이끄는데
그가 나의 **이끌림**을 받지 않거든
나의 이끎에 **문제**가 없는지 돌아봐야 합니다.
행하였는데 얻는 것이 없다면
자신의 모든 것을 **반성**해야 합니다.

― 맹자 ―

"모든 문제는 나에게 있어. 다만 그것을 인정하기가 싫은 거지."

내 맘이 내 맘 같지 않을 때

우리는 우리 주변에서 "내 탓이오"라고 하는 사람과 "네 탓이오"라고 하는 사람들을 만나게 됩니다.

"내 탓이오"라고 하는 사람은 삶의 주체가 자신인 사람이며 자신의 삶의 주도권을 다른 사람에게 맡기지 않는 사람입니다. 내가 내 삶의 주인이기 때문에 실패를 해도 '나' 때문이라고 이야기합니다.

반대로 "네 탓이오"라고 하는 사람은 삶의 주체가 내가아닌 타인인 사람이며 자신의 삶의 주도권을 다른 사람에게 맡긴 사람입니다. 내가 내 삶의 주인이 아니라 다른 사람이 내 삶의 주인이기 때문에 실패를 하면 자연스레 '너' 때문이라고 이야기합니다.

우리는 우리의 행복 열쇠가 나에게 있지 않고 다른 사람에게 있다고 착각합니다. 그래서 자신이 행복하지 않은 이유를 파랑새를 찾아 떠나는 '틸틸'과 '미틸'처럼 다른 사람에게서, 다른 곳에서 찾으려고 합니다. 그러나 행복의 열쇠는 우리에게 있습니다. 우리가 찾지 못할 뿐입니다.

우리는 우리가 가진 행복의 열쇠를 찾아야 하며, 그것이 무엇이든지 열 수 있는 만능열쇠라는 것을 깨달아야 합니다.

타인에게 나의 삶을, 나의 행복을 맡기는 우리가 아니라, 내 삶을 나의 행복을 책임질 수 있는 우리이길 응원합니다.

남들이 생각하지 않는 것을
생각하고 도전하는 것은
다 무모해 보입니다.
그렇지만 처음부터
무모해 보이지 않는 생각은
아무런 희망이 없습니다.

— 앨버트 아인슈타인 —

"달에 갔다가 다시 지구로 돌아온다는 것은 상상도 할 수 없는 일이었지.
하지만 난 가능하다고 생각했어. 여러분들이 알고 있는 것처럼."

내 맘이 내 맘 같지 않을 때

남들이 가지 않는 길을 간다는 것은 굉장한 용기가 필요한 일입니다. 그래서 용기는 말로 드러나는 것이 아니라 행동으로 보이는 것입니다.

때로는 용기가 다른 사람들의 눈에는 무모함으로 보이겠지만 용기는 내가 나를 믿어 주지 않으면 꺼내어 쓸 수 없는 나의 마음이기도 합니다.

우리의 도전을 보고 사람들은 말할 것입니다.

"너의 그러한 행동을 이해할 수 없어."
"네가 가족을 생각했다면 그렇게 하지는 않았을 텐데 자신만 생각하고 그런 일을 벌이다니 너무 이기적이야."

그러나 앞으로 살아가면서 이렇게 용기를 내어 도전해 보는 것이 몇 번이나 될까요?

남들이 생각하지 않았던 것을 생각하고 남들이 도전하지 않았던 것을 도전했던 사람들이 없었다면, 지금 우리가 살고 있는 이 세상의 모습 또한 없었을 것입니다.

우리의 용기는 지금 우리가 꿈꾸고 상상하는 것들을 현실로 변화시키는 마법과 같은 엄청난 힘입니다.

마음속 깊은 곳에 숨어 있는 용기를 꺼내어 자신이 꿈꾸는 세상을 만들어 가는 우리이길 응원합니다.

무엇이든지
"**당장** 시작하십시오!"라고 하면,
가장 많이 듣게 되는 말이
"아직 내공이 부족하니
조금 더 내공을 쌓은 **다음** 도전하겠습니다"라는 말입니다.

그러나 내공이 쌓일 때까지 기다리는 사람은
결코 내공을 쌓을 수 없습니다.

왜냐하면 내공은 **실패**할 때마다
하나씩 쌓이는 것이기 때문입니다.

— 정철(카피라이터) —

"그래, 실수를 반복하면서 점점 중앙에 가까워지는 거야!"

내 맘이 내 맘 같지 않을 때

아기가 발을 떼고 제대로 걸을 때까지 몇 번을 넘어질까요? 사람들마다 이야기하는 게 다르지만 대략 2,000번에서 3,000번 정도 넘어진다고 합니다. 걸음마를 배우기 시작할 때부터 걷기까지 하루 평균 20번 정도 넘어지는 것입니다.

기어 다니던 아기가 걷게 되는 과정도 신기하지만 더 신기하고 놀라운 것은 아기가 그렇게 넘어지고 울면서도 걷기를 포기하지 않는다는 사실입니다.

한두 걸음을 떼었을 때 아기의 얼굴에 나타난 기쁨과 놀라움이란 아기의 걷는 과정을 지켜본 사람만 알 수 있는 아기만의 성취감에 대한 행복입니다. 그러한 기쁨과 놀라움이 아기로 하여금 넘어지는 것이 주는 두려움도 잊은 채 다시 걷는 것에 도전하도록 이끕니다.

수많은 아기들이 넘어지는 것을 두려워하여 포기하였다면 지금 우리는 걸어다니는 사람을 볼 수 없었을 것입니다. 그러한 사실만으로 우리에게는 아기 때부터 쌓아 온 엄청난 내공이 있는 것입니다.

무언가를 하려고 하는데 실패할까 겁나고 두려운가요?

가고 싶은 그 길을 향해 당당히 걸어가십시오. 처음 걷는 길이라면 계속해서 넘어지는 것은 당연한 일입니다. 하지만 우리 안에는 수없이 넘어졌음에도 불구하고 계속해서 일어나 걸었던 내공이 있음을 기억하십시오. 몇 번의 넘어짐 때문에 포기하지 않는 우리이길 응원합니다.

장애물을 만나면
이렇게 생각하십시오.
'내가 너무 일찍 포기하는 것은 아닌가?'
실패한 사람들은 장애물 앞에서
'현명하게' 포기하고,
성공한 사람들은 장애물 앞에서
'미련하게' 참습니다.

— 마크 피셔 —

"헤이 친구! 나를 놓으면 편해질 거야.
그러나 절대 강해질 수는 없지!"

내 맘이 내 맘 같지 않을 때

시험 기간 중 시험 공부를 하는 아이들을 보면 100점을 받으려고 노력하는 아이가 있고, 그저 시험을 보는 것에만 의미를 두는 아이도 있습니다. 시험을 대하는 아이들의 생각이 다르다 보니 시험을 대비하여 공부하는 과정과 자세도 다릅니다.

시험을 보는 근본적인 목적이 무엇일까요?

100점을 받은 아이에게는 상을 주고, 0점을 받은 아이에게는 벌을 주기 위해 시험을 본다고 생각하나요?

시험은 시험 보는 사람의 상태를 알아보는 데 그 목적이 있습니다. 그 사람의 상태, 그 사람의 역량, 그 사람의 목표 등 시험을 보는 사람의 현 상태를 확인하고 발전하도록 도와주기 위한 과정이지 평가한 후 모자람을 벌하고 책망하기 위한 도구가 아니라는 것입니다.

학창 시절에는 시험을 통해 상태와 역량, 목표와 노력의 정도를 알아볼 수 있다지만 졸업을 하고 사회로 진출한 어른들은 자신의 상태와 역량, 꿈과 목표를 어떻게 알아볼 수 있을까요?

성공한 사람들은 이야기합니다. 세상은 우리를 시험하기 위해 우리 앞에 종종 어려운 시련과 장애물들을 갖다 놓는 거라고.

우리 앞에 놓일 다양한 문제와 장애물을 통해 더욱 성장하고 발전하는 우리이길 응원합니다.

때로는 우리들의 **적**들이

우리의 **친구**보다

유익할 경우가 있습니다.

친구들은 언제나

우리의 **실수**를 이해해 주지만

우리의 적들은 항상

우리의 잘못을 들추어내며

우리를 **긴장**하게 만들기 때문입니다.

— 톨스토이 —

"따라올 테면 따라와 봐!"

내 맘이 내 맘 같지 않을 때

다음은 어릴 적 읽었던 책에 있었던 이야기입니다.

옛날 아주 먼 옛날, 화가들 사이에서 사이가 안 좋기로 유명한 두 명의 화가가 있었습니다. 한 사람은 나이가 많은 원로 화가였고, 한 사람은 이제 막 화가로서 명성을 얻게 된 젊은 화가였습니다. 보는 사람들의 입장을 전혀 배려하지 않고 자신만의 세계를 표현하는 젊은 화가의 그림 세계가 나이 많은 화가는 마음에 들지 않았습니다. 그래서 그의 그림만 보면 이야기했습니다.

"미친 놈, 이게 무슨 그림이라고."

젊은 화가 또한 그렇게 자신의 그림을 인정하지 않는 원로 화가를 싫어했습니다. 그러면서도 젊은 화가는 자신의 그림을 비평하는 원로 화가의 말을 그냥 흘려버리지 않았습니다.
그러던 어느 날, 젊은 화가는 나라에서 열리는 가장 큰 미술 대회에 출전했고 공교롭게도 원로 화가가 그 대회의 심사위원을 맡게 되었습니다. 젊은 화가의 그림은 결선까지 올라가게 되었고 최종 심사를 원로 화가가 하게 되었습니다. 사람들은 둘의 사이를 알고 있었기 때문에 젊은 화가가 결선에서 떨어질 것이라고 생각하고 있었습니다. 그림을 찬찬히 살펴보던 원로 화가는 말했습니다.

"미친 놈."

사람들은 원로 화가의 '미친 놈' 소리에 '그럼 그렇지!'라고 생각하며 젊은 화가의 멋진 그림이 원로 화가의 시샘 때문에 결선에서 떨어지는 것을 안타까워했습니다.

그때, 원로 화가는 하던 말을 계속해서 말을 이어 나갔습니다.

"그래도 내가 그동안 한 말을 허투루 듣지는 않았나 보네. 이 미친놈이 그림 하나는 정말 잘 그린단 말이야."

젊은 화가는 그 대회에서 대상을 수상했고, 사람들은 원로 화가가 젊은 화가가 그림을 그리는 것에 큰 도움이 되었다는 사실을 깨닫게 되었습니다.

그렇습니다. 살다 보면 내가 하는 일을 사사건건 걸고 넘어지는 적과 같은 사람을 만나게 됩니다. 아무런 이유도 없이 나의 반대편에 서서 나를 괴롭히는 사람도 만나게 됩니다. 그럴 때 우리는 그 사람에 대한 두 가지 시선을 가질 수 있습니다.

하나는 그 사람을 걸림돌로 보는 것이고, 또 다른 하나는 그 사람을 디딤돌로 보는 것입니다. 똑같은 상황이지만 보는 사람의 관점에 따라 그 사람을 대하는 방법과 결과는 전혀 다르게 나타납니다. 역경, 어려움, 적, 걸림돌의 또 다른 이름은 '성장통'입니다. '성장통' 때문에 성장하는 것을 두려워하지 않는 우리이길 응원합니다.

당신의 마음에 들지 않는 것이 있다면

그것을 바꾸십시오.

그러나 그것을 바꿀 수 없다면
당신의 마음을 바꾸십시오.

절대로 불평해서는 안 됩니다.

— 마야 엔젤루 —

"귀머거리 삼 년, 장님 삼 년, 벙어리 삼 년."

불평은 '내 마음에 들지 않아 마음이 불편한 상태를 입 밖으로 표현하는 행동'을 가리킵니다.

좋고 나쁨을 구별하는 기준이 '나'이기 때문에 내가 기준을 높고 좁게 정해 놓으면 모든 것이 '나의 마음'에 들지 않을 수밖에 없습니다. 마음에 만족함이나 감사함이 없기 때문에 불평은 자연스럽게 입 밖으로 나오게 됩니다.

마음에 들고, 마음에 차야 하는데 그렇지 못하니 늘 마음이 허전하고 불안하고 답답한 것입니다.

'이것은 너무 밝아서 싫고, 저것은 너무 작아서 싫어. 이것들은 노란색이어서 싫고, 저것들은 파란색이어서 싫어. 어떻게 내 마음에 드는 것은 하나도 없지?'

그러게요. 모두가 그 이유를 궁금해합니다. 불평할 때는 모르겠지만 불평도 습관이 되면 불행이 됩니다.

속담 중에 '절이 싫으면 중이 떠나야 한다'는 속담이 있습니다. 이 속담은 중을 탓하는 속담이 아니라, 중을 위하는 속담입니다. 괜히 절에 머물면서 불평하여 자신의 삶을 불행하게 만들지 말고, 불평하지 않을 수 있는 곳으로 떠나 행복하게 살라는 것입니다. 불평이 습관이 되면 불행한 삶을 살게 되지만, 감사가 습관이 되면 행복한 삶을 살게 되는 것입니다. 우리의 삶이 행복하길 응원합니다.

세상에는
두 종류의 사람이 존재합니다.

변명하는 사람과

결과를 얻는 사람입니다.

변명하는 사람은

일을 하지 못하는 이유를 찾지만

결과를 얻는 사람은

일을 해야 하는 이유를 찾습니다.

— 앨런 코헨 —

"쉽지 않을 거야. 그래서 재밌는 거야.
누구나 다 할 수 있다면 그건 재밌지 않아!"

유명 신발 회사에서 회사에 취업하기를 원하는 A와 B 두 명을 아프리카로 시장조사를 보냈습니다. A와 B는 '아프리카에서 신발을 판다면 회사에 이득이 될 것인가?'에 관하여 조사한 후 회사로 보고해야 했습니다. A와 B는 한 달 동안 아프리카 이곳저곳을 돌아본 후 시장조사한 결과를 다음과 같이 보냈습니다.

A: 이곳의 사람들은 대체로 신발을 신고 활동하지 않습니다. 제가 한 달 동안 이곳저곳을 돌아다녀 보았지만 신발을 신은 사람을 볼 수 없었습니다. 이곳에서 신발을 팔기는 어려울 것 같습니다. 아프리카에서 신발을 파는 것에 대하여 다시 한 번 생각해 보아야 합니다.

B: 이곳의 사람들은 대체로 신발을 신고 활동하지 않습니다. 제가 한 달 동안 이곳저곳을 돌아다녀 보았지만 신발을 신은 사람을 볼 수 없었습니다. 이곳에서 신발을 판다면 날개 돋친 듯이 팔려 나갈 것입니다. 지금 당장 신발을 판매해야 합니다.

성공한 사람들은 다른 사람들이 안 되는 이유를 찾을 때 되는 이유를 찾는 사람들이었습니다. 되는 이유를 찾아 실행하였기 때문에 그들은 성공할 수 있었습니다.
되는 이유를 찾는 사람들은 아프리카에서 신발을 팔고, 알래스카에 냉장고를 팔 수 있는 사람들입니다.
못 하는 이유보다 해야 할 이유에 초점을 맞추고 도전하는 우리가 되길 응원합니다.

내 맘이 내 맘 같지 않을 때

속도보다 중요한 것은

방향입니다.

늦어서 실패하는 사람이 있고
반대로 너무 빨라서
실패하는 사람도 있습니다.

방향이 있는 삶, 목적이 이끄는 삶,

삶에 절제가 있는 사람에게는

실패가 없습니다.

— 하용조 —

"몇 번째로 올라가는 게 중요한 게 아냐!
끝까지 올라갈 수 있느냐 하는 것이 중요한 거지!"

사람들은 자신도 모르게 자신이 정해 놓지 않은 시간의 규칙 속에서 살아갑니다.

7살까지는 유치원생으로 살아야 하고, 13살까지는 초등학생으로 살아야 하며, 16살까지는 중학생으로 살아야 합니다. 19살까지는 고등학생으로 살아야 하며 20살부터는 대학생으로의 삶을 살아야 한다고 생각합니다.

정말 그런가요?

그렇지 않다면 왜 그렇게 조급해하고 초조해하면서 자신의 삶을 사회가 만들어 놓은 틀 속에 맞춰 살아가려고 노력하는 건가요? 시간을 잘 활용하는 것은 정말 중요한 일입니다. 그러나 시간을 잘 활용하는 것보다 더 중요한 것은 그 시간을 무엇을 위해 활용하느냐 하는 것입니다.

무엇을 위해 시간을 활용해야 하는지 대답할 수 없다면 잠시 멈춰 서서 자신이 서 있는 위치를 확인해 볼 필요가 있습니다. 다른 사람들이 나보다 앞서가는 것에 대하여 조바심 낼 필요 없습니다. 그 사람들이 내 삶을 살아 줄 것이 아니기 때문입니다.

산의 정상에 늦게 오른다고 해서 등정을 실패했다고 말하는 사람은 없습니다. 늦더라도 자신의 의지와 계획에 따라 자신이 원하는 산의 정상에 오를 수 있는 우리이길 응원합니다.

우리는 우리가 대하는 사람들이
가장 **바람직한 모습**으로
될 수 있도록 도와주어야 합니다.
현재 모습 그대로 그 사람을 대하면
그 사람은 **현재 모습** 그대로 살아가겠지만
그 사람이 할 수 있는
잠재능력대로 그 사람을 대해 주면
결국 그 사람은 **그렇게 될 것**입니다.

— 괴테 —

"기억하십시오.
꿈이라고 하는 것은 당신의 잠재능력을 여는 열쇠라는 것을!"

말에는 힘이 있습니다. 그러나 그 사실을 알고 있는 사람들은 많지 않습니다.

복싱 역사상 가장 위대한 선수로 알려진 무하마드 알리는 전 세계를 돌면서 언제나 "난 세계 최고다"라는 말을 되풀이했습니다. 그뿐만 아니라 상대방을 몇 회에 쓰러뜨릴 것인지도 말하기 시작했습니다. 사람들은 '정말 그렇게 할 수 있을까?'라고 의심하였지만 알리는 자신의 말을 실현시켰습니다. 사람들에게 알리는 챔피언을 넘어 영웅이 되었습니다. 그런 그가 인터뷰 때 다음과 같은 말을 하였습니다.

"내가 챔피언이 된 것은 반은 실력이고, 반은 말의 힘 때문입니다."

'알리'는 말이 가지고 있는 힘을 알고 있었기 때문에 자신이 좋아하는 복싱에 말이 가지고 있는 힘을 이용하였습니다.

'말의 힘'은 알리뿐만 아니라 성공한 사람들에게서 공통적으로 발견할 수 있는 '성공의 도구'이기도 합니다. 성공한 사람들은 알고 있는 말이 가지고 있는 힘을 우리는 어떻게 사용하고 있나요? 함부로 사용하고 있지는 않나요? 우리의 말은 '씨'가 되어서 상대방의 마음에 심기고, 자라나고, 열매를 맺게 될 것입니다. 우리의 말이 상대방을 절망케 하는 '절망의 씨'가 아니라 상대방을 행복하게 하는 '행복의 씨', '응원의 씨'가 되길 응원합니다.

늘 배우는 자세를 잃지 마십시오.
지식이란 절대로 고정되거나
완결 되는 것이 아닙니다.
배우기를 끝내면
리더로서의 생명도 끝납니다.
리더는 결코 자신의 능력이나
지식 수준에 만족해서는 안 됩니다.

– 존 우든(농구 감독) –

"책을 통해 나는 과거로도 갔다 미래로도 갔다
자유롭게 시간 속을 여행하지.
그것은 마법과도 같아서 나를 행복하게 만들어!"

우리가 살고 있는 이 세상은 빠른 속도로 변하고 있습니다. 그 때문에 빠르게 변화하고 있는 세상에 살고 있는 우리도 변해야만 합니다.

"그런데 꼭 변해야만 하나요? 내가 변하지 않는다고 해서 세상이 망하는 것은 아니잖아요?"

맞습니다. 내가 변하지 않는다고 해서 세상이 망하는 것은 아닙니다. 시대의 흐름을 꼭 따라가야만 하는 것도 아닙니다.

그러나 변화라고 하는 것은 소수의 움직임이 아니라 다수의 움직임으로 만들어지는 것이기 때문에 나만의 편안함을 위해 시대의 변화를 무시한다면 어느 순간 내가 원하지 않음에도 불구하고 세상의 흐름을 따라가야 하는 답답한 상황에 직면하게 될 것입니다.

원하지 않는데 끌려가는 것이 싫다면 우리는 시대의 변화에 대하여 어느 방향이 옳은지, 지금이 바로 그때인지, 어떻게 가야 하는지 등을 정확하게 알고 판단할 수 있어야 합니다. 이것이 우리가 끊임없이 공부해야 하는 이유이며, 이것은 리더라면 반드시 갖추어야만 하는 조건입니다.

어떤 조직의 리더가 아니라도 내 삶을 리드하기 위해서 우리는 끊임없이 공부해야 하며 변해야 합니다. 변화하는 것과 공부해야 하는 것을 두려워하지 않는 우리이길 응원합니다.

아무리 **작은 일**이라도
정성을 담아서 10년간 꾸준히 하면
큰 힘이 됩니다.
20년간 꾸준히 하면
두려울 만큼 **거대한 힘**이 되고
30년간 꾸준히 하면 **역사**가 됩니다.

― 중국 속담 ―

"남들이 물어봐. 도대체 어떻게 이런 것을 조각할 수 있냐고.
그러면 나는 대답하지. 꾸준히, 포기하지 않고 하면 된다고."

'1만 시간의 법칙'이라고 들어 보셨나요?

'1만 시간의 법칙'은 말콤 글래드웰의 저서 『아웃라이어』를 통해 전 세계 대중들에게 알려진 법칙입니다.

'1만 시간의 법칙'에 대하여 학자들과 일반 사람들 사이에서 '맞다', '틀리다' 등 다양한 주장이 있지만 『아웃라이어』를 통해 말콤이 하고 싶었던 이야기는 '어떠한 분야에 대해 전문가가 되려면 꾸준히 반복해야 한다'는 것입니다.

그럼 1만 시간에 도달하는 데까지 얼마나 걸릴까요?

하루 3시간씩 투자한다면 9년 2개월 정도 걸리고, 하루 5시간씩 투자한다면 5년 4개월의 시간이 걸리며, 하루 10시간씩 투자하면 2년 8개월 정도 걸립니다.

그럼 매일 3시간씩 투자를 하면 10년 뒤에는 내가 하고 싶은 것, 내가 원하는 꿈을 이룰 수 있을까요? 대충 10년을 보낸다면 모르겠지만 꾸준히 정성을 다한다면 반드시 이루게 될 것입니다. 그래서 1만 시간의 법칙이 가져다주는 놀라운 결과를 경험하게 될 것입니다.

원하는 것이 있다면, 정말로 이루고 싶은 것이 있다면, 우리는 10년의 시간 동안 정성을 담아서 반복해야 합니다. 그것이 큰 힘이 되고 그 힘을 가지고 10년 더 노력하여 거대한 힘을 얻어야 합니다. 그리고 그 거대한 힘으로 10년 더 노력하여 모두를 이끌 수 있는 역사를 이루어야 합니다. 우리의 하루하루가 멋진 역사가 되길 응원합니다.

미국 서부 해안에는
세콰이어 나무가 살고 있습니다.
이 나무는 **뿌리**가 얕아서

바람에 쉽게 날아갈 것 같은데,
거센 강풍이 불어도 쉽사리
날아가는 법이 없습니다.
혼자 자라지 않고
꼭 여럿이 **숲**을 이루고 있으며

얕은 뿌리지만 서로 단단히
얽혀 있기 때문입니다.

— 오종환 —

"나 혼자였다면 이렇게까지 자랄 수 없었을 거야.
정말, 고마워 나와 함께 숲이 되어 줘서!"

우리 주변에는 함께여서 아름다운 단어들이 많이 있습니다.

별들이 모여 만든 '은하수'란 단어가 그렇고, 나무들이 모여서 만든 '숲'이라는 단어가 그렇습니다. 한 사람 한 사람 모여서 만든 '우리'라는 단어가 그렇고 엄마, 아빠, 동생 그리고 내가 모여서 만든 '가족'이란 단어 또한 그렇습니다.

옛말에 '슬픔을 나누면 반이 되지만, 기쁨을 나누면 배가 된다'라는 말이 있습니다. 이 말은 무엇을 하든지 간에 혼자인 것보다 함께인 것이 더 낫다는 말입니다. 오죽하면 '백지장도 맞들면 낫다'는 속담까지 나왔겠습니까!

많고 다양한 사람들 속에서 의지할 수 있는 누군가가 있다는 것은 참으로 감사하고 행복한 일입니다. 그 누군가가 내가 사랑하는 가족이고 내가 좋아하는 친구이고 나와 함께 일하는 동료라면 더 행복할 것입니다.

사랑하는 가족에게 더 큰 상처를 받고, 좋아하는 친구에게 더 큰 상처를 받으며, 믿었던 동료에게 배신을 당하는 일이 많아진 요즘이지만, 우리만큼은 어떤 상황에서도 변함없이 가족과 친구와 동료들에게 의지가 되고, 기쁨이 되고, 행복이 되는 사람이었으면 좋겠습니다.

거센 강풍과 세찬 비바람 속에서 서로 단단히 붙들어 주는, 더불어 숲이 되는 우리이길 응원합니다.

16년간 지켜본 결과,
감사를 습관화한 학생의
연 평균 수입이
그렇지 않은 학생보다
2만 5천 달러가 많았습니다.
그뿐 아니라 감사를
습관화한 사람의 평균 수명이
그렇지 않은 사람들보다
9년이나 더 길었습니다.

— 로버트 에먼스 —

"평생을 내 곁에서 나를 사랑해 주어 고마워요!"
"나도 고마워요. 사랑해요!"

미국의 노스캐롤라이나 대학 사라 앨고어(Sara Algoe) 교수의 연구에 의하여 인간에게 감사 유전 인자(gene)인 CD38이 있다는 사실이 최근 알려지게 되었습니다.

이 유전 인자는 모든 사람에게 있으며, 감사하는 삶을 살 때 왕성하게 활동하여 '사랑의 호르몬'으로 불리는 옥시토신을 아주 잘 만들 수 있다고 합니다.

옥시토신이 잘 분비되는 사람은 낯선 사람에게 말을 잘 걸기도 하고, 쉽게 신뢰감을 형성하기도 하며, 좋은 사람이라는 인상을 주기 때문에 옥시토신이 잘 분비되지 않는 사람보다 더 많이 사랑받고 더 행복한 삶을 살게 된다고 합니다.

게다가 옥시토신은 사회생활을 하면서 인간관계에서 상처를 받은 사람들과, 사람들을 만나는 것조차 싫어하는 우울증 환자들을 돕기 위한 치료제로도 사용되고 있기 때문에 행복한 삶을 원하는 사람들에게는 꼭 필요한 호르몬입니다.

행복한 삶을 원한다면, 사랑받는 사람이 되길 원한다면 우리는 감사할 줄 아는 사람이 되어야 합니다. 벌거벗지 않고 다닐 수 있음에 감사해야 하고, 먹을 수 있는 음식이 있음에 감사해야 하며, 잠을 잘 수 있는 집이 있음에 감사해야 합니다.

감사하는 삶을 통해 매 순간 사랑함으로 행복하고, 매 순간 사랑받음으로 행복한 우리이길 응원합니다.

불만이 있는 직원은
테러리스트와 같다고 합니다.
왜냐하면 그들에게 서비스의 질을
통째로 파괴할 수 있는
힘이 있기 때문입니다.
10-1은 9가 아니라 0이라는 공식처럼
10명의 직원이 잘해도
1명의 직원이 잘못하면
고객의 만족은 사라진다는 것입니다.

— 이유재 —

"내가 이것만 누르면 모두가 끝장인 거 알지?
조금이라도 날 건드려 봐. 나만 죽지는 않을 거야!"

불평불만은 전염성이 강한 악성 바이러스와도 같습니다. 왜냐하면 불평불만은 본인뿐만 아니라 주위 사람들까지도 불평불만이 가득한 사람으로 만들기 때문입니다.

또한 불평불만은 강력한 시한폭탄과도 같습니다. 왜냐하면 불평불만은 불평하는 사람과 불만을 듣는 사람들로 하여금 언젠가는 반드시 폭발하게 만들기 때문입니다.

그래서 사람들은 불평불만이 많은 사람을 가리켜 가장 위험한 테러리스트라고 하는지도 모르겠습니다.

'에이, 사람이 살다 보면 불평도 할 수 있고, 불만을 이야기할 수도 있는 거지.'

맞습니다. 사람이 살다 보면 불평도 할 수 있고, 불만을 이야기할 수도 있습니다. 그러나 불평불만은 중독성이 강하기 때문에 한두 번으로 끝나지 않습니다. 수없이 반복되어 불평불만하는 사람뿐만 아니라 주변 사람들의 삶까지 황폐하게 만들어 버립니다.

'뭐 이 정도쯤이야'라는 생각으로 모험하지 마십시오.

말 그대로 모험입니다. 우리 주변에 있는 불평불만하는 사람을 변화시킬 수 없다면 그 사람을 떠나보내거나 그 사람을 떠나야 합니다. 그게 강력한 바이러스와 시한폭탄으로부터 자신을 지키는 방법입니다.

불평불만하지 않는 우리 모두가 되길 응원합니다.

내 맘이 내 맘 같지 않을 때

때로는 역경이 사람에게서

모든 것을 빼앗아 갈 수 있지만,

단 한 가지만큼은

빼앗아 갈 수 없습니다.
그것은 바로

삶에 대한 나의 태도를

선택할 수 있는 자유입니다.

— 빅터 프랭클 —

"내가 내 마음의 주인이기 때문에
그 누구도 날 불행하게 만들 수 없어!"

영국의 수학자이자 동화 작가 루이스 캐럴이 쓴 『이상한 나라의 앨리스』에는 다음과 같은 글귀가 있습니다.

"내 기분은 내가 정해. 오늘 나는 '행복'으로 할래."

또, 영화나 드라마를 보다 보면 악당이 하는 대사 중에 다음과 같은 대사를 종종 볼 수 있습니다.

"오늘은 내가 기분이 좋으니 널 그냥 보내주마. 그러나 다음에 만날 때에는 뼈도 못 추릴 줄 알아라."

이걸 보면, 우리의 기분을 결정하는 것은 타인이 아니라 자기 자신이라는 것을 알 수 있습니다. 내가 기분 좋기로 마음먹었으면 기분이 좋은 것이고, 내가 기분 나쁘기로 마음먹었으면 기분이 나쁜 것입니다.
문제는 내 마음인데 내가 마음대로 할 수 없다는 것입니다. 많은 사람들이 이야기합니다.

"나는 기분이 좋고 싶은데 누군가가 나의 기분을 망쳐 버리고, 나는 행복하고 싶은데 누군가가 나를 불행하게 만들어 버려서 나의 삶이 자꾸 우울해지네요."

정말 그럴까요? 그렇지 않습니다. 내가 선택하지 않는 한 어느 누구도 나 대신 내가 불행하기를 선택할 수 없습니다. 늘 좋은 선택을 할 수 없지만, 늘 최선의 선택을 하기 위해 노력, 또 노력하는 우리이길 응원합니다.

STORY
036

결정은 스스로 내리는 것입니다.
다른 사람들이 기분 나빠할 정도로
독불장군처럼 행동할 필요는 없지만
무엇보다도 자신에게 충실해야 합니다.
스스로에게 어떤 일을 해도 좋다고
허락하는 것만으로도 충분합니다.

— 앤드류 매튜스 —

"스스로 어떤 일을 해도 좋다고 결정할 수 있으며,
자신의 결정에 책임질 수 있는 자는
자신의 삶을 비굴한 종이 아니라 당당한 왕처럼 살아갈 것이다!"

심리학자 에릭 에릭슨은 성격 발달 8단계를 통해 2~6세에 사람들은 결정 능력을 갖게 된다고 이야기하면서 아이들이 결정 능력을 갖도록 도와주는 것은 부모의 칭찬과 신뢰, 용기, 절대적인 지지라고 하였습니다.

부모의 칭찬과 격려, 절대적인 지지를 통해 아이는 스스로를 존중하고 신뢰할 수 있는 자신감과 자존감을 갖게 되고 이것을 바탕으로 어떠한 일을 하고, 어떠한 것을 선택함에 있어서 아이 스스로, 자기 주도적으로 결정하려는 시도를 하게 된다는 것입니다. 이 시기에 부모는 아이를 믿고 지켜보기만 해야지 아이의 결정과 선택에 절대 끼어들어서는 안 됩니다. 만약 아이가 안쓰러워서 부모가 대신 선택해 주고, 결정을 해 주게 되면 아이는 스스로 선택하고 결정하는 것에 장애를 갖게 됩니다.

우리는 스스로 결정하고 선택하지 못하는 아이와 어른들에게서 한 가지 공통점을 발견할 수 있는데 그것은 자신이 선택하고 결정한 것임에도 불구하고 그 결과가 좋지 못하였을 경우 자신이 책임지지 않고 남 탓을 한다는 것입니다.

우리는 우리 자신을 믿고 존중해 주어야 합니다. 그래야 내가 선택하고 결정할 수 있으며, 내가 선택하고 결정한 것에 대하여 책임을 질 수 있습니다. 무엇을 선택하고 어떠한 결정을 하든 간에 남 탓하지 않는 우리이길 응원합니다.

가장 행복한 사람이라고
말할 수 있는 사람은
가장 많은 사람들에게
행복을 나눠 주는 사람입니다.

― 앨버트 아인슈타인 ―

"내가 네게 주는 이것은 네가 바라는 것만큼
커다란 것은 아니야.
그래도 나는 네가 알아주었으면 좋겠어.
내가 이 머핀을 만들기 위해 많이 노력했다는 것을.
그리고 만드는 동안 내내 행복했다는 것을!"

자신에게 없는 것을 다른 사람에게 나눠 줄 수는 없는 법입니다. 없는 것을 있는 것처럼 꾸미는 것도 능력이라고 말하는 사람들도 있지만, 없는 것을 있는 것처럼 꾸민다고 해서 없는 것이 생겨나는 것은 아닙니다.

우리에게는 「벌거벗은 임금님」으로 잘 알려진 안데르센의 동화 「황제의 새로운 옷」은 벌거벗은 것만큼 부끄럽고 어리석은 행동이 없는 것을 있는 척하는 것이라고 이야기하고 있습니다. 없는 것을 '없다'고 말하고 있는 것을 '있다'고 말하는 것은 당연한 일입니다. 그러나 많은 사람들이 그 당연한 것을 힘들어합니다.

가지지 않았는데 가진 척, 모르는데 아는 척, 행복하지 않은데 행복한 척, 외로운데 외롭지 않은 척, 상처를 받았는데 상처를 받지 않은 척.

모두가 '척'하는 것에 익숙해져 있다 보니 벌거벗은 임금님의 신하들처럼 행복하지 않음을 알고 있음에도 모른 척 넘어가게 되는 것입니다. 그리고 이 '모른 척'이 무관심이 되어 서로에게 상처가 되는 것입니다.

행복한 척하는 것이 아니라 정말 행복한 우리였으면 좋겠습니다. 사랑받는 척하는 것이 아니라 정말 사랑받는 우리였으면 좋겠습니다. 가지지 않을 것을 나누는 것이 아니라 가지고 있는 것들을 즐겁게 나눌 수 있는 우리이길 응원합니다.

함께 일하는 사람이
자신의 **능력**을
충분히 **발휘**하도록 만드는 것은
칭찬과 **격려**입니다.
반대로 함께 일하는 사람의
열정과 꿈을 짓밟는
가장 확실한 방법은
비난과 추궁입니다.

― 존 D. 록펠러 ―

"나는 대통령! 나는 과학자! 나는 농부!
그래 우린 우리가 꿈꾸는 대로 될 거야.
너의 꿈을 응원해!"

어깨동무란 키와 나이가 비슷해서 어깨에 손을 올리는 모습을 이야기하기도 하지만, 또 격 없이 함께 놀아 주는 친구를 어깨동무라고 이야기하기도 합니다.

격이 없다는 것은 구분하지 않는 것입니다. 잘났고 못났고, 똑똑하고 미련하고, 지위가 높고 지위가 낮고, 가진 게 많고 가진 게 적고 등등 서로의 다름을 구분하지 않고 함께 어울리는 것입니다. 그래서 어깨동무 내 동무는 어깨를 맞대고 즐겁게 앞으로 나아갈 수 있는 친구입니다.

함께 일하는 직장에서, 함께 공부하는 학교에서, 함께 생활하는 가정에서 우리는 어깨동무이어야 합니다. 때로는 지위가 높고 낮음에 대한 구분이 필요하기도 하지만, 때로는 부모와 자녀로서 역할이 구분되어야 하지만 어깨동무를 하고 서로가 서로에게 칭찬하고 격려함으로써 서로가 뒤처지지 않게, 꾸준히 계속 성장하게 도와주어야 합니다.

어깨동무는 누구 하나 잘못했다고 해서 서로를 비난하고 공격하여 그 사람을 떼어내지 않습니다. 오히려 상대의 힘이 되어 그 사람의 어깨가 처지지 않게 세워 줍니다. 실수를 하고 잘못했다고 해서 어깨를 빼고 밀어낸다면 어깨동무라고 말할 수 없습니다.

우리 모두가 재밌는 놀이를 하듯 직장과 학교와 가정에서 서로의 어깨에 기대어 신나게 노래하며 행진하는 어깨동무가 되어 줄 수 있길 응원합니다.

태산은 흙과 돌의
좋고 나쁨을 가리지 않고
다 받아들였기 때문에
그 **높음**을 이루었고,

양자강이나 **바다**는
작은 시냇물도 버리지 않았기 때문에
저토록 **넉넉해진 것**입니다.

— 한비자 —

"바다의 소리에 귀를 기울여 보렴.
많은 작은 물들이 세상을 떠돌며 담아 가지고 온
신기하고 재밌는 이야기들이 많이 있단다."

"어떻게 하면 태산같이 높고 바다같이 넓은 사람이 될 수 있을까요?"

이렇게 질문하면, 꼭 태산이 되어야만 하는 거냐고, 작은 동산이면 안 되는 거냐고 되묻는 사람들이 있습니다. 꼭 바다가 되어야만 하는 거냐고 작은 시냇물이면 안 되는 거냐고 되묻는 사람들이 있습니다.

꼭 태산이 아니어도 되고, 꼭 바다가 아니어도 되지만 할 수만 있다면 태산도 되어 보고, 바다도 되어 보는 것이 좋습니다.

태산의 높음은 모두를 자신 위에 세우다 보니 높아진 것이며, 바다의 넓음은 모두를 자신의 품에 품다 보니 넓어진 것입니다.

되어 보고 난 후, '아니어도 괜찮다'고 이야기하는 것과 되어 보지도 못했으면서 '아니어도 괜찮다'고 이야기하는 것은 분명 큰 차이가 있습니다. 그런데 우리 주변에는 되어 보지도 않고 '괜찮다'고 이야기하는 사람들이 많습니다. 왜 되어 보지도 않고 괜찮다고 이야기하는 사람이 많을까요? 그것은 태산의 높음과 바다의 넓음을 보고 도전해 보기도 전에 포기하기 때문입니다.

해 보지도 않고 '괜찮아' 하며 '자신의 게으름'을 위로하기보다, 깨어지고 부서지더라도 태산과 바다가 되기 위해 노력하는 멋진 우리이길 응원합니다.

어제 한 일이 아직도
대단해 보인다면,
당신은 오늘 할 일을
제대로 하지 않은 것입니다.
과거의 성취가 현재의 성취보다

초라해 보이지 않는다면
그것은 제대로
성장하고 있는 것이 아닙니다.

— 엘버트 하버드 —

"매일 성장한다는 것은 밭에 뿌려진 씨앗에서
싹이 트고 자라나 열매를 맺는 것과 같은 기적입니다."

한 젊은 신문기자가 20세기 최고의 첼리스트라고 불리는 파블로 카잘스에게 질문하였습니다.

"카잘스 선생님, 당신은 이미 세상에서 가장 위대한 첼리스트로 인정받고 있습니다. 그런데, 95세의 나이임에도 아직까지 하루에 여섯 시간씩 연습하는 이유가 무엇입니까?"

파블로 카잘스는 젊은 신문기자의 질문에 아무런 머뭇거림 없이 이렇게 대답했다고 합니다.

"내 연주 실력이 조금씩 더 향상되고 있는 것 같아서 그래!"

스페인이 낳은 세계 최고의 첼리스트가 95세의 나이에도 하루 6시간씩 연습하는 이유가 어제보다 조금 더 성장하는 것같기 때문이라는 대답은 그 누구도 예상치 못한 대답이었습니다. 95세의 노인이 자신의 성장을 위해 하루 6시간씩 노력했다는데 지금 우리는 우리의 성장을 위해 무엇을 하고 있나요?
위대하기 때문에 하루 6시간씩 노력할 수 있었던 것이 아니라, 하루 6시간씩 노력하였기 때문에 위대해질 수 있었던 것은 아닐까요? 위대해지길 원한다면, 성공하길 원한다면 우리는 매일 성장해야 합니다.
파블로 카잘스처럼 매일 성장하는 것이 즐거운 우리이길 응원합니다.

모든 문제는 그 안에
해결의 씨앗을 가지고 있습니다.
그러므로 문제가 없으면
해결의 씨앗을 얻지 못합니다.
문제는 유익한 것입니다.
문제가 없는 사람들은
무덤에 묻힌 사람들뿐입니다.

— 노먼 빈센트 필 —

"내가 풀었어!
내가 풀었다고! 정말 풀기 어려운 문제였는데."

문제에 부딪힌 사람들의 미래는 다음과 같이 구분됩니다.

1. 문제를 해결한 자
2. 문제를 해결하지 못한 자

문제를 해결한 사람들은 다음과 같이 구분됩니다.

1. 스스로의 힘으로 문제를 해결한 자
2. 타인의 도움을 받아 문제를 해결한 자

문제를 해결 못한 사람들도 다음과 같이 구분됩니다.

1. 문제를 문제로 인식하지 못한 자
2. 문제를 그냥 방치한 자
3. 누군가가 도와주길 기다리기만 한 자
4. 문제 해결하기를 포기한 자

성공한 사람들은 자신에게 문제가 발생했다는 것을 여전히 발전할 가능성이 있다는 것으로 생각하며 좋아합니다. 오히려 그들은 자신에게 문제가 없는 것을 싫어합니다. 왜냐하면 문제가 없다는 것을 더 이상 발전할 가능성이 없다는 것과 같은 맥락으로 생각하기 때문입니다.

지금도 해결하지 못한 문제가 있어서 불안하나요? 아님 문제가 없어서 너무 평안하나요? 우리의 삶이 매일같이 재밌는 문제로 가득하다는 사실에 감사할 수 있는 우리이길 응원합니다.

가난함이란 지금까지
'갖지 못함'을 의미했습니다.
그러나 미래에는
'소속되지 못한 것'이 될 것입니다.
사람들과의 관계를 만들어 가는 것
이것이 주도적으로 성취해 가는
'삶의 우선 조건'이 될 것입니다.

― 자크 아탈리 ―

"오해하지 마, 곰돌아! 네가 싫은 게 아니야.
그저 다른 친구들과 함께 어울려 놀고 싶은 것뿐이야."

"지금 우리 아이들은 놀 줄 모릅니다"라고 말을 한다면 우리 아이들은 이야기할 것입니다.

"저희가 놀 줄 모른다고요? 천만에요. 저희는 아주 잘 놀아요. 오히려 어른들이 놀 줄 모르지요."
"PC방에서 게임만 하다가 헤어지고, 만나서 아무 말도 없이 스마트폰으로 게임만 하다가 헤어지면서 그걸 어떻게 노는 거라고 하는 거니?"
"그럼 어른들은 만나서 아무 말 없이 낚시하다가 잡은 고기로 술 마시며 이야기만 하는 것은 잘 노는 건가요?"

노는 것에 대해서는 서로가 서로에게 할 말이 많이 있을 것입니다. 또한 누구의 방법이 옳다, 그르다 이야기할 수 없지만 점점 개인주의가 되어 가고, 이기주의가 되어 가는 요즘 세상에서 친구들과 함께 잘 어울려 노는 것만큼 중요한 것도 없습니다. 쉬는 날 만날 친구 하나 없다면? 함께 수다를 떨거나 식사할 친구 하나 없다면? 억울한 일을 당했을 때 하소연할 친구 하나 없다면? 기쁜 일이 생겼을 때 나눌 친구 하나 없다면?
사람이 공부는 못해도 행복하게 살 수 있지만 사람과 떨어져 혼자서는 행복하게 살 수 없습니다. 공부와 놀이 둘 다 필요하지만 놀이가 먼저입니다. 함께 어울려 잘 놀 줄 아는, 즐겁게 놀 줄 아는 우리가 되길, 우리의 아이가 되길 응원합니다.

내가 가지고 있는 태도는

나의 과거를 보여 주는 도서관,

나의 현재를 말해 주는 대변인,

나의 미래를 알려 주는 예언자입니다.

나의 인생이 나를 대하는 태도는

내가 나의 인생을 대하는

태도에 달려 있습니다.

나의 태도가 내 인생을 결정합니다.

— 존 맥스웰 —

"나는 무엇을 하든지 자신이 없었어.
내가 정말 하고픈 게 무엇인지, 잘하는 게 무엇인지 확신할 수 없었거든.
그런데 이제 깨달았어.
잘하는 게 없어도 나는 무엇이든지 될 수 있다는 것을."

생각을 조심해라. 그건 말이 된다.
말을 조심해라. 그건 행동이 된다.
행동을 조심해라. 그건 습관이 된다.
습관을 조심해라. 그건 성격이 된다.
성격을 조심해라. 그건 운명이 된다.
우리는 생각하는 대로 된다.

이 말은 '철의 여인'으로 불리는 영국의 첫 여성 총리 마가렛 대처의 아버지가 어린 시절 대처 총리에게 입버릇처럼 들려준 이야기였다고 합니다.
어렸을 때부터 이 말을 듣고 자란 대처 총리는 생각이 얼마나 중요한 것인지를 자신의 삶을 통해 증명하였습니다. 성공한 사람들은 말합니다.

"성공을 하고 싶다면 성공한 사람처럼 생각하고, 성공한 사람처럼 이야기하십시오. 성공한 사람처럼 행동하고 성공한 사람들이 가진 습관을 자신의 습관으로 만들면 성공은 자연스럽게 따라옵니다."

성공이 자연스럽게 따라오도록 습관을 만드는 것, 이것이 바로 그들이 말하는 성공을 위한 절대 불변의 법칙입니다.
어떠한 생각으로 하루를 시작하고, 어떤 생각으로 하루를 마무리하나요? 좋은 생각을 통해 좋은 삶을 만드는 우리이길 응원합니다.

세상에서는 주로
낙관자들이 성공을 하는데
그것은 그들이 항상 옳기 때문이 아니라
긍정적이기 때문입니다.
그들은 실패하였을 때도 긍정적입니다.
이러한 태도가 성취, 향상, 성공으로
연결시켜 주는 열쇠입니다.

— 데이비드 렌즈 —

"불가능하다고? 뭐가? 왜?
만약 내가 그것을 해낸다면
그때에도 불가능하다고 말할 거야?"

어떤 사람들은 낙관론자와 이야기하는 것을 싫어합니다.
그들과 함께 이야기하다 보면 답답해진다고 합니다.
그들과 이야기하다 보면 자신까지 이상한 사람이 되는 것 같다고
합니다. 이해를 해 보려고 노력해도 도무지 이해가 안 되는 사람
들이 낙관론자라고 이야기합니다. 왜냐하면 평범한 사람에게 낙
관론자들은 비현실적인 사람들이기 때문입니다.

"나는 달나라로 여행을 가 볼 거야."
"나는 새처럼 하늘을 날아서 전 세계를 여행할 거야."
"나는 화성에서도 사람들이 살 수 있도록 크고 멋진 도시를 건
설할 거야."

그런데 정말 재밌고 신기한 것은 그 낙관론자들이 이야기했던 비
현실적이고 꿈같은 이야기 속에 지금 우리가 살고 있다는 것입니
다. 더 재밌는 것은 많은 사람들이 과거의 낙관론자들이 이야기
했던 비현실적인 세상 속에 살고 있으면서, 과거의 사람들이 그
랬던 것처럼 오늘의 낙관론자들이 말하는 모든 이야기들이 비현
실적이고 이루기 힘든 꿈같은 이야기라고 생각한다는 것입니다.
'불가능의 문'을 열어 보고 싶다면, 꿈을 현실로 만들고 싶다면 낙
관론자가 되어야 합니다. 우리 모두가 자신의 꿈을 포기하지 않
는 낙관론자가 되길 응원합니다.

사랑이란,
'상대방이 원하는 것을
내가 원하는 것보다
우선순위에 두는 것'
입니다.

— 〈겨울왕국〉 올라프의 대사 —

"나는 우리 딸이 많이 행복했으면 좋겠어."
"나도 엄마가 많이 많이 행복했으면 좋겠어요!"

어려서부터 우리 집은 가난했었고,

남들 다하는 외식 몇 번 한 적이 없었고,

일터에 나가신 어머니 집에 없으면

언제나 혼자서 끓여 먹었던 라면.

그러다 라면이 너무 지겨워서

맛있는 것 좀 먹자고 대들었었어.

그러자 어머님이 마지못해 꺼내신

숨겨 두신 비상금으로 시켜 주신

짜장면 하나에 너무나 행복했었어.

하지만 어머님은 왠지 드시질 않았어.

어머님은 짜장면이 싫다고 하셨어.

그룹 god의 「어머님께」 노래 가사입니다. 왜 어머님은 짜장면이 싫다고 하셨을까요? 정말 짜장면을 싫어하셨던 걸까요? 지금 아이들은 이 노래를 듣는다면 이 가사가 전달하고자 하는 내용을 공감하기가 어렵겠지만 7080세대는 이 가사가 무엇을 이야기하고 있는지 왜 짜장면을 싫다고 하셨는지 쉽게 공감할 수 있을 것입니다.

그 시절 우리 부모님들은 자녀들이 먹는 것만 봐도 배부르다는 말씀을 자주 하셨습니다.

정말 자식들이 먹는 것만 쳐다봐도 배가 부를까요? 절대 그렇지 않습니다. 먹는 것을 쳐다보는 것만으로는 절대 배가 부르지 않습니다. 그럼에도 불구하고 배부르다고 말하는 것은 자녀의 행복해하는 모습이 배고픈 부모의 허전한 배를 가득 채워 주기 때문입니다.

먹지 않아도 배부를 때가 있다는 것을 우리 아이들은 모릅니다. 왜냐하면 주는 것만으로 행복해지는 경험을 해 보지 못했기 때문입니다. 부모님으로부터 받는 것에만 익숙해져 있어서 받는 것을 당연하게 생각하기 때문입니다.

받는 기쁨보다 주는 기쁨이 더 클 때는 내가 상대방을 내 자신보다 더 사랑할 때입니다. 사랑이라고 하는 녀석은 청개구리와 같아서 받는 것보다 주는 것이 더 좋고, 나부터 챙기는 것이 아니라 상대방부터 챙기게 하고, 내가 아픈 것보다 상대방이 아픈 것이 더 마음 아프게 합니다.

지금 우리는 성공하는 것보다 사랑하는 것을 배워야 합니다. '어떻게 하면 돈을 더 많이 벌 수 있을까?'를 고민하기보다, '어떻게 하면 조금 더 사랑할 수 있을까?'를 고민해야 합니다. 그래야 가진 것 없이도 더 행복하게 살 수 있기 때문입니다.

우리 자녀들이 우리에게 "어떻게 하면 더 잘 사랑할 수 있을까요?"라고 물어볼 때 가르쳐 줄 것이 너무 많아 '무엇부터 가르쳐 주는 것이 좋을까?' 하며 행복한 고민하는 우리였으면 좋겠습니다.

더 많이 사랑하기 위해 더 많이 고민하는 우리이길 응원합니다.

긍정적으로
생각하는 사람에게
문제란,
단지 배움의
기회일 뿐입니다.

— 앤드류 매튜스 —

"힘이 들면 내려가도 돼.
너의 힘이 그 정도밖에 안 되는 거야.
너를 비웃는 게 아니야.
더 힘을 길러야 된다는 것을 알려 주는 거야!"

내 맘이 내 맘 같지 않을 때

시험을 부정적으로 생각하는 아이들에게 시험이란 누군가가 자신을 괴롭히기 위해 만들어 낸 가장 쓸모없는 발명품 중 하나입니다.

그러나 긍정적으로 생각하는 아이들에게 시험이란 내가 알지 못했던 것과 내가 알고 있어야 하는 것들을 제대로 알고 있는지 확인시켜 주고 배워야 할 것과 익혀야 할 것을 가르쳐 주는 소중한 기회입니다.

"이 두 아이 중에서 내 아이는 어떤 아이와 같은 생각을 하길 바라십니까?"

대부분의 부모님은 시험을 긍정적으로 생각하는 아이가 내 아이이기를 바랄 것입니다. 왜냐하면 내 아이가 시험을 긍정적으로 생각해서 더 발전하기를 바라기 때문입니다. 그럼 우리 아이들은 자신들의 부모가 어떠한 아이와 같이 생각하길 바랄까요?

간혹 부모님이 시험을 부정적으로 생각하여 자신이 시험공부를 하지 않아도 이해해 주는 부모님이기를 바랄 수도 있겠지만, 대부분의 아이들 역시 자신들의 부모님이 어려움과 곤경에 굴복하고 좌절하기보다는 그 모든 것을 극복하고 더 발전하기를 바랄 것입니다.

우리가 만나는 문제들이 쓸모없는 것이 되느냐, 좋은 배움의 기회가 되느냐 하는 것은 우리의 마음에 달려 있습니다. 문제에 대하여 긍정적으로 생각하는 우리이길 응원합니다.

인간의 의식은
분명한 목적을 갖기 전에는
목표 달성을 향해
움직이지 않습니다.
목표를 설정할 때
비로소 마법은 시작됩니다.

― 윈 데이비스 ―

"어디로 갈지 정해지기만 한다면,
나는 이 가방을 들고 바로 떠날 거야!"

내 맘이 내 맘 같지 않을 때

목적이 있는 사람은 움직입니다.

배고픈 사람이 식당으로 가서 밥을 사 먹든지, 배달음식을 시켜 먹든지 직접 음식을 만들어 먹는 것은 자신의 배고픔을 해결하려는 목적을 가지고 있기 때문입니다.

그 때문에 아무런 목적이 없는 사람은 움직이지 않습니다. 목적이 없이 움직이지 않고 가만히 있는 사람들의 모습을 가리켜 우리는 '빈둥거린다'라고 하며, 그들 또한 '심심하다'라고 이야기합니다.

'빈둥거린다'는 것은 별로 하는 일 없이 게으름을 피우며 염치없이 놀기만 하는 것이며, '심심하다'는 것은 '할 일이 없어 지루하고 따분하다'는 것입니다.

둘 다 '할 일이 없다'는 공통점을 가지고 있습니다. 즉, 목적이 없다는 것입니다. 그래서 그들은 할 일을 찾습니다. 심심하지 않기 위해 무언가를 하려고 합니다.

"심심한데 뭘 할까?"라는 말은 목적이 필요하다는 말입니다.

목적이 있는 사람의 삶은 지루하거나 따분하지 않습니다. 물론 심심하지도 않고 하루하루 해야 할 일과 한 단계 한 단계 성취해야 할 것이 있습니다. 남들이 다 목적이 있는 것 같으니 그들을 따라서 아무 목적이나 갖는 게 아니라, 내 삶을 보다 재밌고 유익하게 만들어 줄 수 있는 목적을 갖는 우리이길 응원합니다.

상대를
좋은 사람이라고 생각하고
그렇게 믿으십시오.

그러면 그 사람은 반드시

당신이 생각하는 좋은 사람이 됩니다.
우리가 대하고 있는 상대의 모습은
우리가 생각하는
그 생각이 만들어 내는
모습임을 잊지 마십시오.

— 맥스웰 몰츠 —

"네가 정말 날기를 원한다면
너는 날개를 달고 네가 원하는 세상으로
훨훨 날아다니게 될 거야!"

내 맘이 내 맘 같지 않을 때

'피그말리온 효과(Pygmalion effect)'라고 들어 보셨나요? 이 효과는 그리스 신화에서 유래되었습니다.

키프로스섬의 피그말리온은 상아로 아름다운 여인상 갈라데아(Galateia)를 조각하였습니다. 자신이 조각한 것이지만 그 모습이 너무나 아름다워서 피그말리온은 진심으로 그 여인상을 사랑하게 되었고, 그 조각상을 사람처럼 대해 주었습니다.

그의 사랑에 감동한 여신 아프로디테는 피그말리온이 조각한 조각상 갈라데아에게 생명을 주었고 피그말리온은 갈라데아와 결혼하여 행복하게 살았다고 합니다.

이후 사람들은 피그말리온의 소원이 성취된 것같이, 간절한 마음으로 바라면 이루어지는 현상을 '피그말리온 효과'라고 하게 되었습니다.

실제 피그말리온 효과는 1968년 미국의 교육심리학자인 로버트 로젠탈과 레노어 제이콥슨에 의하여 일상생활에서도 경험할 수 있는 효과라는 것이 증명되었습니다.

로젠탈과 제이콥슨은 샌프란시스코의 초등학교에서 지능 테스트를 하면서 담임 선생님들에게 '앞으로 수 개월간 성적이 오르는 학생을 산출하기 위한 조사'라고 하였고, 학생 중 무작위로 뽑은 20% 정도의 명단을 담임 선생님들에게 보여 주며, 이 학생들은 지적 능력이나 학업 성취 향상 가능성이 높아서 수 개월 안에 성적이 향상될 것으로 기대된다고 알려 주었습니다. 평범한 학생이었지만 8개월 후 그들의 성적은 크게 올랐고 로젠탈과 제이콥슨은 아이들의 선생님의 기대를 알았고 그것을 믿음으로 아이들의 성적이 향상되었다고 결론 내렸습니다.

우리는 생활 속에서 "내 그럴 줄 알았어!"라는 말을 자주 사용합니다. 이것은 상대방에게 기대했던 마음의 표현입니다. 이 표현은 긍정적인 의미로도 사용되고 부정적인 의미로도 사용되기 때문에 어떤 마음으로 "내 그럴 줄 알았어"라고 이야기했는지가 중요합니다. 긍정적이든 부정적이든 "내 그럴 줄 알았어"라는 말은 '나는 그렇게 될 거라고 믿었고, 내가 믿은 대로 되었어!'라는 표현입니다. 즉, 자신의 말대로 모든 것이 이루어진 것입니다.

상대방을 변하길 원한다면 상대방이 내가 원하는 모습으로 변해 가는 피그말리온의 마법과 같은 경험을 해 보고 싶다면 우리는 그 사람에 대하여 주문을 걸어야 합니다.

"나는 너를 믿어. 너에게는 그것을 이룰 수 있는 능력이 있어. 넘어질 수도 있어. 하지만 나는 네가 그것을 잘 극복하고 일어설 것도 알아."

모두가 의심하며 주저할지라도, 절대 흔들리지 않는 믿음과 그렇게 될 것이라는 확신을 가져야 합니다. 변하지 않는 간절함, 변하지 않는 믿음으로 우리가 원하는 꿈들을 하나씩 하나씩 이뤄 가는 우리이길 응원합니다.

대부분의 문제는
다섯 번의 질문으로
해결할 수 있습니다.

'왜 그런가?'
'이 정도로 괜찮은가?'
'빠뜨린 것은 없는가?'
'당연하게 생각하고 있는 것들은
정말 당연한 것들인가?'
'더 좋은 방법은 없는가?'

— 타이이치 오노 —

"당근을 꼭 먹어야만 하는 걸까?
당근을 먹는 방법 말고, 엄마를 설득시킬 수 있는
더 좋은 방법은 없는 걸까?"

질문을 들었을 때 우리 뇌는 질문에 대한 답을 얻기 위해 자신이 가진 모든 정보를 이용하여 그 문제에 대한 답을 주려고 합니다. 왜냐하면 주인이 그 문제를 해결하기 위해 많은 시간 자신을 괴롭게 할 것을 알고 있기 때문입니다. 그래서 뇌는 최선의 것을 생각하기보다는 빨리 끝내고 빨리 쉴 수 있는 방법을 먼저 제시합니다.

대부분의 사람들은 여기에서 자신의 뇌에게 속습니다. 뇌가 제일 먼저 제안하는 답은 최선의 것이 아닐 수 있기에 우리는 그런 뇌에게 다시 한 번 질문을 해야 합니다.

'이 정도로 괜찮은가?'
'더 좋은 방법은 없는가?'

그러면 뇌는 더 좋은 방법을 찾기 전에는 주인이 자신을 계속해서 괴롭힐 것이라는 것을 직감하고 더 나은 방법을 찾는 데 몰입하게 됩니다. 그리고 결국에는 주인이 원하는 답을 찾아 제시합니다. 이것이 우리가 스스로에게 끊임없이 질문해야 하는 이유입니다.

우리는 분명 살면서 더 많은 문제들을 만날 것이고, 그 문제에 대한 답을 찾기 위해 노력할 것입니다. 그때마다 즉각적으로 반응하지 말고 더 좋은 해결 방법은 없는지 최소 5번의 질문을 통해 최선의 답을 얻게 되는 우리이길 응원합니다.

우리가 느끼는
대부분의 두려움은

스스로 만들어 낸 창작품입니다.

대부분의 사람들은
그것을 깨닫지 못합니다.

걸음마를 배우는 아이를 보십시오.

아이는 자신이
한 번에 걸을 수 있다고
생각하지 않습니다.

— 로랑 구넬 —

"자~! 그럼 어디 한 번 걸어 볼까?"

우리의 뇌는 어려운 것보다는 쉬운 걸 좋아합니다. 그 때문에 주인이 어려운 것을 하려고 하면, 두려움이란 감정을 발동시켜 주인이 도전하는 것을 막으려 합니다. 대부분의 주인들은 뇌가 주는 두려움에 겁을 내며 뇌가 원하는 대로 도전하는 것을 포기합니다. 그러나 모든 사람이 도전하는 것을 포기하는 것은 아닙니다. 어떤 주인은 뇌에게 묻습니다.

'내가 이 정도밖에 안 되는 사람이었어? 이것은 정말 내가 할 수 없는 거야?'

사람은 걷기 위해 평균 2천 번의 질문을 뇌에게 합니다.

'모든 사람들이 다 저렇게 걸어 다니는데 왜 나는 걸을 수 없는 거지? 걷는 것은 내가 할 수 없는 거야?'

뇌는 아기를 자꾸 넘어지게 함으로써 두려움을 갖게 만들려고 하지만 아기는 넘어지는 것을 통해 넘어지지 않는 것을 배웁니다. 넘어지고 일어나면서 아기는 뇌에게 말을 건넵니다.

'괜찮아. 잠깐 엉덩이가 아플 뿐인걸. 네가 도와주지 않아도 난 걸을 수 있어. 시간이 조금 더 걸리겠지만 절대 포기하지 않을 거야.'

우리의 뇌는 이렇게 포기하지 않는 주인을 이기지 못합니다. 그래서 결국은 주인을 도와 걷도록 도와줍니다. 우리의 뇌와 싸워서 이기는 우리이길 응원합니다.

내 사전에는
'불가능'이란
낱말도 없다.

— 나폴레옹 —

"못 올라간다고? 누가? 내가?
그건 내가 올라온 것을 못 본 사람들이 하는 말이지!"

많은 사람들은 나폴레옹이니까 이런 말을 할 수 있었다고 생각을 합니다. 과연 그럴까요? 나폴레옹이니까 이런 말을 할 수 있었던 걸까요? 절대 아닙니다.

나폴레옹이니까 이런 말을 할 수 있었던 것이 아니라, 이런 생각을 가지고 끊임없이 노력하였기 때문에 우리가 알고 있는 나폴레옹이 될 수 있었던 것입니다.

해 보고 안 되는 것을 아는 것과 해 보지도 않고 안 된다고 하는 것에는 큰 차이가 있습니다. 그 유명한 '콜럼버스의 달걀'은 이러한 차이를 잘 보여줍니다.

1492년 신대륙을 발견한 콜럼버스의 성과를 축하하는 잔치가 크게 열렸습니다. 많은 사람들은 콜럼버스를 만나기 위해, 그리고 그의 업적을 축하해 주기 위해 몰려왔습니다. 그러나 모든 사람들이 콜럼버스의 신대륙 발견을 기뻐한 것만은 아니었습니다. 몇몇 귀족들은 콜럼버스의 신대륙 발견을 배 아파하며 많은 사람들이 모인 잔치에서 콜럼버스의 업적을 비아냥거렸습니다. 그중 한 명이 크게 말했습니다.

"누구나 해류를 따라 배를 타고 서쪽으로 가기만 하면 찾을 수 있는 일이 뭐 그렇게 대단하다고 이렇게 큰 잔치를 벌여 가면서 자랑하기는."

그 한마디에 잔치 분위기가 썰렁해지고 사람들은 콜럼버스의 눈치를 살피기 시작했습니다. 그때 콜럼버스는 자신을 비아냥거리는 귀족을 향해 말했습니다.

"여기에 있는 이 달걀을 당신이 세운다면 내가 발견한 신대륙을 아무나 찾을 수 있다는 당신의 말을 인정하도록 하겠습니다."

콜럼버스를 시샘하던 귀족은 콜럼버스를 망신 줄 수 있는 절호의 기회라 생각하고 달걀 세우기에 몇 번이고 도전했지만 세울 수 없었습니다. 다른 귀족들도 같이 도전하였지만 세우지 못했고 달걀을 세우는 것은 불가능한 일이라고 말했습니다. 그러자 콜럼버스는 아무렇지도 않게 달걀의 한쪽을 깨뜨려 달걀을 세웠습니다. 콜럼버스가 세운 달걀을 본 귀족들은 어이없다는 듯 말했습니다.

"그렇게 세우는 것은 누가 못 해!"

"지금까지 여러분들은 세우지 못했습니다. 왜냐하면 아무도 이렇게 세울 생각을 하지 못한 것이지요. 처음에 하는 것이 어려운 것이지 다른 사람이 하면 다 쉬워 보이는 법입니다."

실패든 성공이든 경험의 차이는 우리가 생각한 것보다 크게 나타납니다. 실패를 경험해 본 사람은 실패 경험을 통해 실패의 극복 방법을 찾을 기회를 얻지만, 실패를 경험해 보지 않고 포기한 사람에게는 실패의 극복 방법을 찾을 기회가 사라지게 되는 것입니다. 지금 여러분의 사전에는 어떤 단어들로 채워지고 있나요? 또 어떤 단어들로 채워지길 원하나요? 자신의 가치를 빛나게 해 줄 단어로 하나씩 하나씩 채워 나가길 응원합니다.

말은 생각한 다음에 하고,

사람들이 듣기 싫어하기 전에
그만두어야 합니다.

인간이 언어를 가지고 있기 때문에

다른 동물보다 특별하지만

그 언어 때문에

커다란 손해를 보는 경우가 있습니다.

— 톨스토이 —

"나는 항상 옳아. 모든 문제는 너에게 있어!"
"아니, 항상 옳은 것은 나야. 진짜 문제는 너에게 있어!"

내 맘이 내 맘 같지 않을 때

삼사일언이라는 말이 있습니다.

이 말은 한 번 말하기 위해서는 세 번 생각하는 것이 필요하다는 뜻입니다.

왜 한 번 말하기 위해서 세 번의 생각이 필요한 걸까요? 그것은 쏟아진 물을 다시 주워 담을 수 없듯이 한 번 입 밖으로 나간 말은 다시 입 안으로 담아 넣을 수 없기 때문입니다.

많은 사람들이 평상시 많은 말을 하기 때문에 우리가 하는 모든 말들을 삼사일언하면서까지 꺼내야 한다는 것에 이의를 제기하며 동의하지 않을 수도 있습니다. 하지만 인생을 살아 본 선조들과 성공을 경험해 본 사람들은 사람들과 좋은 관계를 유지하고, 함께 행복한 삶을 살기 위해서는 말 한 마디 한 마디를 가볍게 꺼내서는 안 된다고 조언합니다.

말은 '아'와 '어'가 다릅니다. 똑같은 말이라도 상황과 감정에 따라 달라지는 것이 우리가 사용하는 말이고, 기분 나쁠 때 듣는 말과 기분 좋을 때 듣는 말의 차이가 심한 것이 우리가 사용하는 말입니다.

열 길 물 속은 알아도 한 길 사람 속은 모른다고 이야기하지만 그 한 길 사람 속을 알 수 있는 것이 말이기 때문에 사람들은 우리의 말을 우리의 생각이라고 생각하고, 우리의 진심이라고 믿는 것입니다. 우리의 생각과 진심이 되는 말들을 신중하게 사용함으로 더욱 좋은 인간관계를 만들고 행복을 나누는 우리이길 응원합니다.

나는 나의 삶이
다른 사람들 덕분이라는 사실을
매일 백 번씩 스스로에게 말합니다.

또한 내가 받은 만큼
그리고 받고 있는 만큼 돌려주기 위해서
노력해야 한다는 것도

매일 백 번씩 스스로에게 이야기합니다.

— 앨버트 아인슈타인 —

"내가 받은 것도 사랑이고, 내가 주어야 할 것도 사랑입니다.
사랑 때문에 평생 행복할 수 있었습니다."

내 맘이 내 맘 같지 않을 때

아인슈타인은 자신의 삶과 자신의 성공이 다른 사람들 덕분이라고 생각하며 살았습니다. 그래서 자신의 평생을 받은 만큼, 받고 있는 만큼 다른 사람들에게 돌려주기 위해 매일매일 노력했다고 고백하고 있습니다. 그러한 마음을 가지고 살았기 때문에 아인슈타인은 자신이 사용할 수 있는 최대치의 능력을 사용할 수 있었는지도 모르겠습니다.

통계적으로 봐도 사람이 발명한 수많은 발명품 중 자신을 위해서 만든 것보다, 돈을 벌기 위해서 만든 것보다 타인을 위하고 다른 사람들의 생활을 더 편리하게 돕기 위해서 만든 것들이 훨씬 더 많습니다. 그리고 보면 우리의 삶은 다른 사람들 덕분에 살고 있는 것이 맞는 것 같습니다.

그러나 많은 사람들은 그것은 원래부터 그렇게 있었다고 여기며 그것이 고맙거나 감사하다고 생각하지 않습니다. 당연히 누려야 할 권리라고 여기며 살아갑니다. 정말 우리는 TV와 인터넷, 전화와 자동차, 전기와 가스 등 우리가 누리고 있는 문명의 혜택들을 당연한 듯이 여기며 살아도 되는 걸까요?

그것을 발명한 사람들은 우리에게 감사해 달라고 부탁하지도 않았고 강요하지도 않습니다. 그러나 그들의 노력에 감사하며 사는 사람은 그들의 삶을 본받으려고 노력할 뿐 아니라 그러한 사람이 되기 위해 노력할 것입니다. 세상에 도움이 되는 사람. 이 세상에 플러스가 되고 마이너스가 되지 않는 우리이길 응원합니다.

99% 고객만족으로는

불충분합니다.

왜냐하면 언젠가 나타날

100% 고객만족 기업에게

고객을 빼앗기기 때문입니다.

고객은 2등 기업에게

결코 애정을 베풀지 않습니다.

— 프레드릭 스미스(Fedex의 CEO) —

"처음에는 동전에 눈과 마음을 빼앗기겠지.
나를 발견하지 못했을 테니까.
그런데 나를 발견하고도 동전을 선택할까?"

내 맘이 내 맘 같지 않을 때

2017 런던 세계 육상대회에서 많은 사람들은 우사인 볼트에게 관심을 가지고 있었습니다. 왜냐하면 우사인 볼트가 이번 100m 달리기에서 우승을 하면 세계 최초로 세계 육상대회 100m 달리기 부분에서 4번째 금메달을 목에 거는 선수가 되기 때문이며, 우사인 볼트가 이번 대회를 끝으로 은퇴를 선언하였기 때문이었습니다.

많은 사람들은 우사인 볼트가 늘 그랬듯이 우승할 거라 믿었습니다. 그러나 100m 결선에서 우사인 볼트는 1위와 0.03초, 2위와는 0.01초 차이로 3위를 하였습니다. 육상에서 1위, 2위, 3위의 차이는 아주 근소하지만 사람들 대부분은 1위만 기억을 합니다. 2017 런던 경기에서는 모든 사람들이 우사인 볼트에게 관심을 갖고 있었기 때문에 1위인 저스틴 게이틀린과 3위인 우사인 볼트는 기억하고 있지만 2위는 누가 했는지 모르는 사람이 더 많습니다. 여러분은 알고 계시나요? 2017 런던 세계 육상대회 100m 결선에서 2위를 한 선수는 미국의 크리스찬 콜먼이었습니다.

'1위도 아니고 볼트만큼 인기가 있는 것도 아닌데 우리가 어떻게 기억할 수 있어?' 하며 반문할 수도 있겠지만 우리는 우리도 모르는 사이 자연스레 1위만 기억하고 있습니다. 이것이 우리가 직면하고 있는 현실입니다.

항상 잘할 수는 없습니다. 그러나 10번 중 1번만 잘해 가지고는 핑계밖에 되지 않습니다. 10번 중 10번 다 잘하기 위해 노력하고 도전하는 우리이길 응원합니다.

체스티 풀러 장군은 아군이 적군에게
완전히 포위되었다는 보고를 받자
병사들에게 다음과 같이 말했다고 합니다.

"우리는 완전히 포위되었습니다.
적들이 우리를 완전히 포위해 준 덕분에
우리의 문제는 해결되었습니다.

이제 우리는 모든 방향으로
공격만 하면 됩니다."

— 체스티 풀러(미 해병대 장군) —

"함께 생사를 함께할 너희가 있다는 것만큼
나에게 힘이 되는 것은 없다.
앞으로 전진하자!"

내 맘이 내 맘 같지 않을 때

'파부침주'란 사자성어가 있습니다.

이 사자성어는 아군으로부터 도움 요청을 받은 항우가 진나라와 싸우기 위해 전쟁터에 도착하자마자 부하들에게 밥 지을 솥을 깨뜨리고 돌아갈 때 타고 갈 배를 가라앉히라고 명령을 내린 사건에서 유래되었습니다.

누가 봐도 항우 장군의 이런 명령은 이해하기 힘든, 아니 이해할 수 없는 명령이었습니다. 이때 항우는 병사들의 시선을 부정적인 것에서 긍정적인 것을 보도록 이끌었습니다.

"이제 우리가 돌아갈 수 있는 방법은 없다. 이러한 상황에서 우리가 살아날 수 있는 유일한 방법은 우리가 신속하게 움직여 진나라 군대를 물리치고 그들의 밥솥으로 밥을 지어 먹으면서 앞으로 전진하는 것뿐이다. 너희들이 나를 믿고 따라 준다면 나는 반드시 그렇게 될 것이라고 확신한다."

이 싸움의 결과는 어떻게 되었을까요? 결과는 항우의 대승이었습니다. 어떻게 해서 대승을 거둘 수 있었을까요? 숫자가 많았기 때문일까요, 아니면 무기가 더 좋았기 때문일까요? 숫자가 많았기 때문도 아니고 무기가 더 좋았기 때문도 아닙니다. 모든 면에서 열세에 놓여 있었지만 항우를 비롯한 초나라 병사들은 부정적인 것을 보지 않고 긍정적인 것만을 보려고 노력했기 때문입니다.

하루하루의 삶이 그 누구보다 긍정적인 우리이길 응원합니다.

인간으로 살아간다는 것은
끊임없이 다양한 문제들을
만난다는 것을 의미합니다.
사랑하고, 웃고, 울며
넘어지기도 하고
다시 일어나는 것을
반복한다는 것을 의미합니다.
인간으로 살아간다는 것은

― 앤드류 매튜스 ―

"살다 보니 참 많은 일들을 겪었네요."
"살아 있으니 겪는 일이지. 죽은 사람은 꿈도 못 꿀 일이지.
긴 인생 함께 견디어 줘서 고마워요!"

어떤 사람들은 삶을 숙제라고 생각하고 어떤 사람은 삶을 축제라고 생각합니다. 삶을 바라보는 관점이 다른 것입니다. 관점만 다른 걸까요? 아닙니다. 결과 또한 다르게 나타납니다.

그것은 숙제를 하는 아이들만 비교해 보더라도 알 수 있는 일입니다.

여러분들도 아시다시피 아이들은 숙제라고 하는 것 자체를 좋아하지 않습니다. 없으면 좋은 것이 숙제이고, 잘하든 못하든 빨리 끝내고 싶은 것이 숙제입니다. 게다가 하지 않았을 경우 마음을 불안하게 만들고 불편하게 하는 것이 바로 숙제입니다. 그렇기 때문에 많은 아이들이 숙제를 하더라도 혼나지 않기 위해서 대충, 적당히 합니다.

그렇다면 모든 아이들이 숙제를 대충, 적당히 할까요?

그렇지 않습니다. 숙제를 아주 열심히 하는 아이들도 있습니다.

그들은 숙제가 자신의 실력을 발전시켜 줄 뿐만 아니라 자신들의 미래를 좋게 만들어 주는 하나의 과정이라고 생각합니다. 그래서 그들은 숙제를 대충하지 않습니다. 혼나지 않기 위해서 숙제를 하는 것이 아니라 더 성장하기 위해서 숙제를 합니다.

어떤 아이들이 숙제를 통하여 더 성장할까요? 대답하지 않아도 숙제를 긍정적으로 바라보고 적극적으로 하는 아이들입니다.

우리가 아이들에게 숙제를 대충하지 말라고 이야기하는 것처럼 우리는 우리의 삶을 대충, 적당히 살지 않아야 합니다.

피곤하고 힘들고 아파도 숙제는 꼭 해야 하는 것이며 그렇게 하기 위해서 최선을 다하는 아이들처럼 우리는 우리의 삶이 피곤하고 힘들고 아프더라도 최선을 다해서 살아야 합니다.

숙제를 최선을 다해서 한 아이들의 마음이 기쁘고 뿌듯한 것처럼 우리도 우리의 삶을 최선을 다해 살았을 때 마음이 기쁘고 뿌듯할 것입니다. 우리의 마음이 기쁘고 뿌듯할 때 우리의 삶은 더 이상 숙제가 아니라 축제가 될 것입니다. 숙제인 삶에서 축제인 삶을 살게 되는 우리이길 응원합니다.

"하루를 살아도 멋진 삶을 살고 싶어.
놀이동산에서 마음껏 뛰어 노는 아이들처럼!"

사람은 늙고 나이가 들어서
꿈을 꾸는 걸
포기하는 것이 아닙니다.
새로운 꿈에 도전하는 것을
포기했기 때문에
늙고 나이 들어가는 것입니다.
만약 지금도 아무런 꿈 없이
살아가고 있다면
천천히 확실히 늙어 갈 것입니다.

— 얼링 카게 —

"나의 꿈이 뭐냐고?
보고도 몰라! 최고의 사진사가 되는 거지!"

오늘날 우리가 숲을 볼 수 있는 것은 꿈꾸는 것을 멈추지 않았던 나무들이 있었기 때문에 가능한 일입니다.

세상의 모든 나무들은 자신과 똑같은 나무들이 세계 곳곳에서 많이 자라기를 꿈꿉니다. 그래서 나무들은 자신들의 꿈을 담은 씨앗들을 만들어 퍼트리는 것을 멈추지 않습니다. 새들에게 먹히고 벌레들과 태풍의 공격을 받아도 나무는 계속해서 씨앗을 만들어 퍼트립니다.

이러한 나무들의 꿈은 씨앗들에게도 그대로 전달됩니다. 나무의 꿈을 전달받은 씨앗들은 나무의 꿈을 알기에 나무로 자라나는 것을 포기하지 않습니다. 뿌리를 내릴 수 있는 곳이라면 어느 장소, 어느 곳이라도 상관없이 뿌리를 내려 나무로 성장하려고 노력합니다.

씨앗이 자라나 다시 씨를 맺는 나무가 되는 것은 결코 쉬운 일이 아닙니다. 땅 속에 묻혀 적당한 영양분을 받아야 하며 겨우내 얼어 있던 단단한 땅을 뚫고 새싹으로 돋아나도 안전하게 나무로 성장한다는 보장도 없습니다. 모든 씨앗들이 새싹으로 자라나기를 포기했다면, 모든 새싹들이 나무로 자라나기를 포기했다면 아마 우리는 숲이라고 하는 것을 알지도 못했을 것입니다.

나무가 꿈꾸기를 포기하지 않았던 것처럼, 씨앗이 새싹으로 자라나기를 포기하지 않았던 것처럼, 새싹이 나무로 자라기를 포기하지 않았던 것처럼, 우리도 우리의 꿈을 포기하지 않음으로써 멋진 꿈의 숲을 만들기를 응원합니다.

평범한 교사는
학생들에게 말만 하고,
좋은 교사는
학생들을 잘 가르칩니다.
훌륭한 교사는
학생들에게 본을 보이고
위대한 교사는
학생들의 가슴에 불을 지릅니다.

— 알프레드 화이트 헤드 —

"스스로 타서 없어지는 희생을 감수하지 않고는
불을 붙일 수 없습니다.
먼저 타올라야 불을 붙일 수 있습니다."

평범한 교사는 말만 합니다. 말만 한다는 것은 지식만 전달한다는 것입니다. 그것은 녹음 테이프를 틀어 놓는 것과 별반 다르지 않습니다. 아이들이 원하는 교사는 앵무새처럼 말만 하는 교사가 아닙니다.

좋은 교사는 잘 가르칩니다. 잘 가르친다는 것은 아이들이 배우는 것을 이해할 수 있도록 도와준다는 것입니다. 그러나 그것이 끝입니다. 아이들이 배우기만 할 뿐 행동하지 않습니다. 그래서 훌륭한 교사가 필요한 것입니다.

훌륭한 교사는 아이들이 배운 것을 배운 것만으로 끝내지 않고 배운 것을 실천할 수 있도록 이끄는 교사입니다. 그들은 아이들이 지식을 가지고만 있는 것이 아니라 지식을 활용하도록 도와줍니다. 그러나 아이들은 지식을 활용만 할 뿐 창조해 내지 못합니다. 그래서 위대한 교사가 필요합니다.

위대한 교사는 꿈을 꾸는 사람입니다. 자신만 꿈을 꾸는 것이 아니라 모두가 함께 꿈을 꾸도록 꿈을 창조하는 사람이며, 자신의 꿈을 다음 세대에 전달하는 사람입니다.

그래서 그 꿈이 지금 이루어지지 않을지라도 결국 누군가에 의해서 그 꿈이 이루어지도록 만드는 사람입니다.

우리 모두는 위대한 교사가 될 수 있습니다. 그러기 위해서는 먼저 꿈을 꾸는 사람이 되어야 합니다. 조그마한 시련에 쉽게 꺼지는 꿈이 아니라 태풍과 같은 시련이 닥쳐와도 꺼지지 않는 크고 뜨거운 꿈을 꾸어야 합니다. 아이들의 가슴에 불을 지를 수 있는 우리이길 응원합니다.

꿈을 이루는 가장 좋은 방법은

목표를 세우고 그 꿈을 향해

집중하는 것입니다.

그렇게 하면 그냥 희망사항이었던 것이
'꿈의 목록'으로 바뀌고,
다시 그것이 '해야만 하는 일 목록'으로 바뀌고,
마침내 '이루어 낸 목록'으로 바뀌게 됩니다.

꿈을 가지고 있기만 해서는

안 됩니다.

— 존 고다드 —

"이 많은 것을 언제 다 하냐고?
그래서 계획이 필요한 거잖아.
계획들을 하나씩 하나씩 포기하지 않고 이루어 가다 보면
꿈에 이를 수 있을 거야!"

우리의 뇌는 막연한 것을 싫어합니다. 손에 잡히지 않고 느껴지지 않으며 확실하게 보이지 않으면 우리의 뇌는 그것을 없는 것으로 판단합니다. 없는 것이기 때문에 우리의 뇌는 그 막연한 것에 대하여 생각하지도 않고 그것을 이루기 위해 행동하지도 않습니다.

우리가 우리의 원하는 것을 생생하게 상상해야 하는 이유가 바로 여기에 있는 것입니다. 이지성 작가의 『꿈꾸는 다락방』이란 책에는 다음과 같은 공식이 나옵니다.

$$R = VD$$

이것은 '생생하게(vivid) 꿈꾸면(dream) 이루어진다(realization)'는 의미를 가지고 있습니다.

우리는 생생하게 꿈을 꾸어야 합니다. 그리고 내가 꿈꾸고 있는 그것을 종이에 적어 놓고, 내가 잘 볼 수 있는 곳에 붙여 놓아야 합니다. 그것을 보면서 내가 그 꿈을 성취하는 모습을 매일 상상해야 합니다. 그것을 꾸준히 반복하게 되면, 결국 우리 뇌는 그 꿈을 이루기 위해 움직이고 그 꿈을 머잖아 '이루어 낸 꿈'의 목록에 기록되게 될 것입니다.

이루고픈 꿈이 있다면 그것을 종이에 적어야 합니다. 10개도 좋고 100개여도 상관없습니다. 그리고 그것들을 잘 보이는 곳에 붙여 두고 뇌가 움직이게끔 상상하는 연습을 반복해야 합니다. 그래서 우리 적었던 꿈들이 '이루어 낸 꿈'의 목록에 많이 기록되기를 응원합니다.

세상에서 가장 위험한 일은
위험을 전혀 감수하지
않으려는 것입니다.
잡고 있는 헌 밧줄을 놓아야
새 밧줄을 잡을 수 있습니다.
똑같은 일을 비슷한 방법으로 계속하면서
나아지길 기대하는 것만큼
어리석은 일은 없습니다.

― 앨버트 아인슈타인 ―

"세계일주 하고 싶다면 바다로 나가든가,
바다로 나가는 것이 무섭다면 세계일주를 포기하든가!"

우리가 다음 단계로 넘어가기 위해서는 지금 우리가 머물고 있는 단계와 넘어가기 위한 단계의 경계를 허물어야만 합니다. 그것은 마치 병아리가 달걀 속에서 나오기 위해 껍질이라는 경계를 부수고 나오는 것과 같습니다. 그러나 많은 사람들은 경계를 허물려는 노력도 없이 다음 단계로 넘어가기를 원합니다.

경계를 허물지 않고 다음 단계로 넘어갈 수 있는 경우는 없습니다. 그것은 자연의 법칙입니다.

씨앗이 새싹으로 나오기 위해서는 단단한 씨앗 껍질을 뚫고 나와야 하며, 씨앗의 껍질의 껍질을 뚫고 나온 새싹이 더 크고 단단하게 자라나기 위해서는 겨우내 얼었던 단단한 땅을 뚫고 올라와야 합니다.

마찬가지로 우리도 지금 머물고 있는 세계에서 조금 더 새로운 세계로 나아가기 위해서는 이전에 내가 머물고 있던 세계의 경계를 허물어야만 합니다. 그러나 그것은 여러분들의 예상처럼 결코 쉬운 일은 아닐 것입니다. 이전 세계의 편안함과 익숙함이 우리를 유혹할 것입니다. 편안함과 익숙함은 우리가 쉽게 극복하기 어려운 상대입니다. 하지만 성장하기를 진심으로 원한다면 포기해서는 안 됩니다. 포기하는 자에게 두 번의 기회는 없습니다.

포기하지 않고 경계를 허물기 위해 꾸준히 연습하는 우리이길 응원합니다. 그래서 결국에는 다음 단계로 넘어가 더욱 성장하게 되는 우리이길 응원합니다. 우리는 할 수 있습니다.

내 맘이 내 맘 같지 않을 때

하늘이 장차 그 사람에게
큰일을 맡기려 할 때에는
반드시 먼저 그 마음과 뜻을 괴롭히고
뼈마디가 꺾어지는 고난을 당하게 하며

그 몸을 굶주리게 하고
그 생활은 빈궁에 빠뜨려
하는 일마다 어지럽게 합니다.
이는 그의 마음을 두들겨서
참을성을 길러 주어
지금까지 할 수 없었던 일도
할 수 있도록 돕기 위함입니다.

— 맹자 —

"불순물이 없어야 원하는 모양으로 쓸모 있는 물건을 만들 수 있어!
그렇기 때문에 정제하는 과정은 꼭 필요하지."

정말 하고 싶었지만 못한 일이 있나요? 왜 그것을 하지 못했나요? 지금 다시 기회가 생긴다면 도전해 볼 생각은 있나요?

기회가 주어졌음에도 불구하고 지금 다시 도전해 볼 마음이 없다면 정말 하고 싶었던 일은 아닐 것입니다.

다시 해 볼 수 있는 기회가 주어졌는데 이런저런 이유로 다시 도전하는 것이 망설여진다면 당신은 여태껏 여러 가지 핑계를 댔던 것입니다. 하고 싶다고 말은 하면서 하고 싶지 않았던 당신의 속마음을 감췄던 것입니다.

왜냐하면 정말 해 보고 싶은 일이라면 그게 무엇이었든간에, 어떤 어려움 속에 있었더라도 그 어려움이 어떤 것이든 간에 그 모든 어려움을 극복하고 이루고자 노력했을 테니까요.

하늘은 이러한 우리의 마음이 진실인지 아닌지, 그것을 정말 하고 싶은 일인지 아닌지를 구분할 수 있도록 고난과 시련을 보냅니다. 시련과 고난은 우리의 앞길을 막고, 우리가 하고 싶은 것을 방해하는 방해꾼이 아니라 정말 그것을 하고 싶은지, 정말 그것을 이루고 싶은지 우리에게 질문하는 질문자입니다. 우리가 뭔가를 하고자 할 때, 이 질문자는 항상 우리에게 다가와 물어볼 것입니다.

"이것이 정말 당신이 하고 싶은 일입니까?"

이때 한 치의 망설임이나 주저함 없이 '정말 하고 싶었던 일을 하고 있는 것'이라고 대답할 수 있는 우리이길 응원합니다.

사랑한다는 것 자체가
지식을 얻는 것입니다.
왜냐하면 사랑을 하게 되면
더 많은 것을
알고 싶어 하기 때문입니다.

— 성 그레고리우스 —

"결혼은 가정이라고 하는 학교에 입학하는 것입니다.
남편으로서 배워야 할 것과 아내로서 배워야 할 것
그리고 부모로서 배워야 할 것이 아주 많답니다."

사람은 태어날 때부터 많은 호기심을 가지고 태어납니다. 궁금한 것은 참지 못합니다. 그래서 오늘날 우리가 알고 있는 많이 지식들이 세상에 드러나게 된 것입니다.

사람들이 호기심을 갖는 분야도 참으로 다양합니다. 우주에 대하여, 계절에 대하여, 산과 바다에 대하여, 식물과 생물에 대하여 호기심을 가집니다.

그중에서 사람들이 가장 많은 호기심을 갖는 대상은 사람입니다. 특히, 사랑하게 된 사람에 대한 관심은 다른 어떤 호기심보다도 강렬합니다.

지금 여러분 주위에 여러분이 조금이라도 더 알고 싶은 사람이 있나요? 그러면 여전히 그들을 사랑하고 있다는 의미입니다.

내 아들과 딸에 대해 더 알고 싶고, 내 아내와 남편에 대해 더 알고 싶으며, 내 부모와 내 형제에 대해 더 알고 싶다면 여전히 그들을 사랑하고 있다는 증거입니다.

한 광고 회사가 부모와 자녀에게 설문조사를 한 적이 있습니다. 질문의 내용은 '부모님이 가장 좋아하시는 음식은 무엇입니까?'와 '자녀가 가장 좋아하는 음식은 무엇입니까?'였습니다.

설문에 응했던 많은 사람들이 맞췄을까요? 그렇지 않습니다. 회사에서 예상한 것보다 많은 사람이 질문에 대한 답을 맞추지 못했습니다. 이것은 우리가 서로에 대하여 잘 안다는 착각을 하며 살고 있다는 것을 보여 줍니다.

착각하지 않는 우리였으면 좋겠습니다. 조금 더 돌아보고, 조금 더 관심 갖고 그래서 조금 더 사랑하는 우리였으면 좋겠습니다. 그렇게 되길 응원합니다.

내 맘이 내 맘 같지 않을 때

우리는 누구나
잘못을 저지르기 쉽습니다.
아홉 가지 잘못을 찾아
꾸짖는 것보다
단 한 가지 잘한 일을 발견해
칭찬해 주는 것이
그 사람을 올바르게 인도하는
큰 힘이 될 수 있습니다.

— 데일 카네기 —

"친구들이 나에게 사진 찍지 말래.
얼굴이 잘리거나 팔 다리가 잘려서 나온다고.
그런데 우리 아빠는 하나하나 자세히 볼 수 있어서 좋대!"

다른 사람의 장점보다는 단점을 잘 보게 되는 우리의 눈입니다. 나만 그런 것 같다고요? 절대 그렇지 않습니다. 대부분의 사람이 다른 사람의 장점보다 단점을 잘 보는 눈을 가졌습니다.

왜 그런 걸까요?

세계적인 석학 인지언어학의 창시자 조지 레이코프는 『코끼리는 생각하지 마』라는 책을 통해 대부분의 사람들이 언어의 프레임에 갇혀 세상을 살아가고 있기 때문이라고 설명합니다.

'코끼리를 생각하지 마'라는 이야기를 들었을 때 듣자마자 코끼리를 생각하지 않는 사람이 있을까요? 그렇지 않습니다. 오히려 생각하지 않았던 사람들도 그 이야기를 들으면 코끼리를 떠올리게 됩니다.

우리는 어려서부터 부모님으로부터 단점에 대한 지점들을 받게 됩니다. 부모님들은 그것을 고쳐서 훌륭한 사람이 되라는 뜻으로 단점들을 이야기 해 주는 것이겠지만 아이들은 부모를 통해 단점이라는 프레임에 갇혀 생활을 하게 됩니다. 그러니 다른 사람들의 단점이 더 잘 보일 수밖에 없는 것입니다.

그 때문에 성공한 대부분의 사람들은 다른 사람들이 볼 수 없는 것, 즉 상대방의 좋은 것, 잘하는 것을 보기 위해 노력했습니다. 그 결과 자신과 타인이 더 좋은 것을 보도록 프레임을 바꿀 수 있었고 그 결과 그들은 더불어 성공할 수 있었습니다. 다른 사람의 단점보다는 장점을 보는 데 익숙한 당신이 되길 응원합니다.

겸손함이란
자기 자신을
낮추는 것이 아니라
자신을 덜 생각하고
남을 더 생각하는 것입니다.
겸손함이 없는 사람이
다른 사람을 격려하고 이끈다는 것은
불가능한 일입니다.

— 릭 워렌 —

"어차피 당신과 함께 사막을 지나갈 건데
당신을 힘들게 할 아무런 이유가 없습니다.
내가 무릎을 꿇는 것은 당신이 쉽게 나를 타도록 돕기 위함입니다."

싸움은 내가 상대방보다 더 낫다고 생각하는 마음에서 생겨납니다. 우리는 내가 상대방보다 낫다고 여기는 마음 또는 그러한 마음의 상태를 교만 또는 비뚤어진 우월함이라고 이야기합니다. 그래서 교만하고 자기만 잘났다고 생각하는 사람들이 많이 있는 곳에서는 항상 무리가 나뉘며 언성이 높아지고 상대방을 무시하고 헐뜯는 싸움이 그치질 않습니다.

이러한 마음의 상태는 아무리 훌륭한 의사가 와도 고치기가 어렵습니다.

반면 상대방이 나보다 낫다고 생각하고, 내가 다른 사람들보다 나은 것이 없다고 생각하는 사람은 자신보다 상대방을 먼저 생각합니다. 우리는 이러한 마음의 상태를 겸손 또는 낮은 자세의 섬김이라고 이야기합니다.

자신의 이익을 먼저 취하지 않고, 상대방의 유익을 먼저 생각하기에 이런 사람들이 많은 곳에서는 서로에 대한 칭찬과 격려가 끊이질 않습니다.

지금 우리가 살고 있는 사회가 분열과 높은 언성과 싸움이 많다면 그것은 교만한 사람들과 비뚤어진 우월주의자가 많기 때문입니다. 그러한 사람들이 리더의 위치에 서 있다면 그 조직은 반드시 망하게 될 것입니다.

그 때문에 겸손함과 낮은 자세의 섬김은 리더가 지녀야 한 중요한 덕목입니다. 그래야 우리가 살아갈 세상은 칭찬과 격려로 성장할 것입니다. 우리가 우리 아이들에게 좋은 본을 보임으로써 우리 아이들이 칭찬과 격려하는 것이 익숙한 리더로 성장하게 되길를 힘껏 응원합니다.

열정적인 사람은
어떤 일이든 해 냅니다.
그 열정이 눈에 보입니다.
그뿐만 아니라 주위 사람들에게
사기와 의욕을 불러일으킵니다.
우리가 잘 아는 것처럼 열정은
전염성을 가지고 있습니다.

— 레너드 H. 로버츠 —

"나의 노래가 여러분의 마음을 울리고,
나의 노래가 여러분을 행복하게 한다면
우리 다 같이 미쳐 봅시다."

열정이란 '어떤 일에 그 누구도 막을 수 없는 강력한 애정을 가지고 정신을 집중하는 것. 또는 내가 나를 스스로 움직이게 만드는 힘'입니다.

여기에서 이야기하는 집중은 돋보기로 햇빛을 모아 불을 일으키는 힘을 의미합니다.

그 때문에 우리는 집중하는 사람을 향해 "눈에서 레이저가 나오는 것 같다" 또는 "그만 쳐다봐라, 뚫어지겠다" 하고 표현하는 것입니다. 그리고 그것은 집중에 대한 정확한 표현일 수 있습니다.

그러한 힘이 있기에   열정적인 사람은 자신의 열정을 여기저기, 이 사람 저 사람 마음에 붙이고 다니는 것입니다.

안도현 시인의 「너에게 묻는다」라는 시에 보면 다음과 같은 구절이 있습니다.

연탄재 함부로 발로 차지 마라
너는 누구에게 한 번이라도
뜨거운 사람이었느냐

열정적인 사람은 자신만 활활 타오르는 것이 아니라 다른 사람들도 활활 타오를 수 있도록 도와줍니다. 그래서 그 열정이 다른 곳으로 퍼져 나가도록 합니다.

열정적인 리더가 많았으면 좋겠습니다. 열정적인 교사가 많았으면 좋겠습니다. 열정적인 어른이 많았으면 좋겠습니다. 그래서 우리 아이들이 열정이라고 하는 것을 쉽게 배우고 전달받았으면 좋겠습니다.

우리의 뜨거운 열정이 잘 전해질 수 있기를 응원합니다.

STORY 066

사람들에게 비웃음을 사고,
무시당하고 외면까지 당할 수 있는
세 가지 방법이 있습니다.

하나, 절대 상대방의 이야기를
끝까지 듣지 않는다.
둘, 계속 자기 말만 한다.
셋, 상대방의 이야기를 듣다가
자신이 할 이야기가 있으면
바로 끊고 자신의 이야기를 한다.

— 앤드류 카네기 —

"눈 동그랗게 뜨고 자기 혼자만 이야기하는 것 보세요.
얘하고는 무슨 대화가 안 된다니까요.
다른 갈매기를 찾든지 해야지. 도저히 안 되겠어요."

비웃음을 사고 무시 당하고 외면까지 당할 수 있는 비결이 있다는 것을 미처 몰랐습니다. 그런데 알고 보니 비결이 너무 쉬워서 많은 사람들이 이 방법을 사용해 쉽게 비웃음을 사고, 쉽게 무시 당하고, 쉽게 외면당할 것 같습니다.

그래서일까요? 요즘 뉴스를 보면 비웃음을 사고, 무시 당하고 외면당하는 사람들이 부쩍 늘어난 것 같습니다.

옛 성현들은 입이 하나이고 귀가 두 개인 까닭은 말하는 것보다 듣는 것을 더 많이 해야 하기 때문이라고 설명하고 있습니다. 그래서 말하는 것은 듣는 것보다 조심해야 한다고 말합니다.

이러한 성현들의 말에 가장 공감하는 사람들은 많은 사람들과 많은 상담을 하는 상담사들입니다.

그들은 이야기합니다.

"오랫동안 상담을 하다 보니 제가 이야기를 많이 하는 것보다 상대방이 많이 이야기하도록 도와주는 것이 가장 좋은 상담 방법인 것을 알게 되었습니다. 저는 단지 몇 개의 질문만 했을 뿐인데 사람들은 오랜 시간 자신만 이야기하다가 가면서 저에게 참 좋은 상담 시간이었다고 인사를 하면서 돌아갑니다."

모든 사람들의 삶은 그 자체가 하나의 이야기입니다. 그래서 사람들은 누군가가 자신의 삶에 대하여, 자신이 쓴 삶의 이야기에 귀를 기울여 들어 주길 바랍니다.

내 이야기를 하는 것도 나쁘지는 않지만 때로는 내 이야기를 하는 것보다는 상대방의 이야기에 귀 기울여 들어 줄 수 있는 멋진 우리가 되기를 응원합니다.

우리는 우리가 만나는
모든 사람들에게
친절해야 합니다.

왜냐하면 우리가 만나는
모든 사람들은 **알게 모르게**
힘든 싸움을 하고 있기
때문입니다.

— 플라톤 —

"이렇게 돌아다녀도 사람들은 나에게 관심을 갖지 않아.
왜 사람들은 나에게 이렇게 무관심한 걸까?"

세상 모든 사람들이 나보다는 조금 더 행복할 것 같지만 내가 생각하는 것만큼 그들은 행복하지 않습니다.

세상 모든 사람들이 나보다는 걱정이 적을 것 같지만 '걱정하기 대회'를 열면 아마 모든 사람들이 우승은 자신의 것이라면 서로 참가하려고 할 것입니다.

나만 걱정하고 나만 고민하는 것 같지만 세상에 걱정, 근심이 없는 사람 어디 있겠습니까? 다들 꺼내 놓지 못하는 고민 한두 가지씩은 가지고 살아갑니다.

그렇기 때문에 우리는 누구를 만나든지 말 한마디라도 따뜻하게 건네야 합니다. 누구를 만나든지 따뜻한 미소를 건네야 합니다. 속담에도 '웃는 얼굴에 침 못 뱉는다'는 말이 있듯이 일반적인 사람이라면 따뜻한 말과 미소를 건네는 상대에게 나쁜 감정으로 대하는 사람은 없습니다.

"에이, 요즘은 그렇지 않아요. 웃는 얼굴에 침 못 뱉는다고요? 아마 주먹으로 때릴 걸요. 자신을 비웃는다고 말이에요. 요즘은 미소로 대해 주고 좋게 말을 하면 오히려 더 사람을 우습게 알고 무시한다고요."

그런 사람이 마음이 아픈 사람입니다. 그런 사람이 자기자신과의 힘든 싸움을 하고 있는 사람들입니다. 쉽지 않겠지만 그런 사람일수록 우리는 더욱 따뜻하게 말해 주고 친절한 미소로 대해 주어야 합니다.

말로 상대방을 아프게 하기보다는 위로를 하고 힘을 북돋아 주는 우리였으면 좋겠습니다. 오늘도 힘들게 살고 있을지 모르는 우리 주변 사람들에게 힘이 되는 말과 미소를 건네는 우리이길 응원합니다.

감사하는 마음을 가지면
부가 생기고,
불평하는 마음을 가지면
가난이 옵니다.

감사하는 마음은
우리가 행복으로 가도록 문을 열어 주며
우리가 가지고 있는 근심도
풀릴 수 있게 도와줍니다.

— 존 템플턴 —

"와우~ 사막에 이런 문이 있을 줄이야!
사막이 아름다운 것은 보이지 않는 곳에 오아시스가
있기 때문이라더니 여기 숨어 있었군."

감사하는 마음을 가지면 정말 부가 생기는 걸까요? 감사하는 마음을 가진 사람이 된다면 정말 부자가 될 수 있는 걸까요?

그런데 왜 부자로 사는 사람들보다 가난하게 사는 사람들이 더 많은 걸까요? 그들은 모두 감사하는 마음을 갖지 않고 불평하는 마음을 가져서 그런 걸까요?

과학자들은 사람이 감사하는 마음을 가질 때 감사하는 사람의 심장 박동수와 뇌파의 주파수가 정확하게 일치한다고 합니다. 일치하는 것도 신기하지만 이렇게 일치된 심장 박동수와 뇌파의 주파수는 감사하는 마음을 가진 사람이 가장 평안한 상태를 느낄 수 있도록 도와준다고 합니다.

더 신기한 것은 이 좋은 느낌의 파동이 감사하는 사람에게만 머무는 것이 아니라 그 사람이 만나는 모든 사람에게도 전달되어 만나는 사람들과 함께 있는 모든 사람들이 좋은 느낌을 갖게 한다는 것입니다.

그 좋은 느낌이 감사하는 마음을 가진 사람으로 하여금 사람들과의 관계에서 신뢰를 얻게 만들고 어떠한 일을 추진하든지 믿고 함께할 수 있는 사람으로 인식되게 도와줍니다. 돈을 많이 벌어서 부자가 되는 것이 아니라 좋은 관계를 맺은 사람들이 많아서 부자가 되는 것입니다.

금전적으로 큰 부자가 되어도 사람들과의 관계가 무너지면 절대 행복할 수 없습니다. 행복한 부자가 되길 원하시나요? 그럼 항상 감사할 줄 아는 사람이 되어야 합니다. 쉽지 않겠지만 매일매일 감사함으로 행복한 부자가 되길 응원합니다.

남을 탓하기 말고
스스로를 돌아보고
나쁜 점을 고쳐야 합니다.
뜻과 행동은
나보다 나은 사람과 비교하고,
분수와 복은
나보다 못한 사람과
비교하십시오.

— 이식 —

"나도 비행기 타고 출장 다녀 보고 싶다.
몇 시간 운전해서 출장 가려니 벌써부터 피곤해지는군!"

내 것이라면 내가 어떻게든 해 볼 수 있지만, 남의 것은 내가 어떻게 해 보기가 어렵습니다. 그래서 어떠한 문제가 생겼을 때 내 탓이라고 해야 문제를 해결하기가 쉽지, 남의 탓이라고 하면, 쉽게 해결할 수 있는 문제들도 해결하기가 어렵게 됩니다.

예를 들어 한 사람이 길을 가다가 돌부리에 걸려 넘어져 코가 깨졌다고 하면 이것은 누구의 잘못일까요?

내 탓이라고 생각하는 사람은 자신이 앞을 제대로 살피지 않았기 때문에 넘어져 코가 깨졌다고 생각하고 다음부터는 앞을 잘 보고 다녀야겠다며 스스로에게 주의를 줄 것입니다. 그렇기 때문에 '내 탓이오'라고 하는 사람과 다른 사람들 사이에서는 불화가 생기지 않습니다.

그러나 남 탓을 하는 사람이라면 어떻게 할까요?

누가 일부러 그곳에 돌을 심어 놓은 것이 아니기 때문에 돌부리를 만들어 놓은 신을 탓하겠지요. 그걸로 끝날까요? 아니지요. 자신보다 먼저 그 길을 지나간 사람들을 탓할 것입니다.

"아니, 길 한가운데 돌부리가 있으면 제거하든가 아니면 위험하니까 조심하라는 푯말이라도 써 놓든가 해야지 어떻게 된 게 사람이 걸려 넘어지도록 돌부리를 방치해 둔 거야. 도대체 어떻게 된 사람들이 배려심이라는 게 눈꼽만치도 없어?"

참으로 어이가 없는 행동입니다. 그 때문에 남 탓을 하는 사람은 이곳저곳에서 불화를 만듭니다.

사람은 어떻게 마음먹느냐에 따라 평화를 만들 수도 있고, 불화를 일으킬 수도 있습니다.

평화와 불화 중 어떤 것을 만들기 원하시나요? 우리가 머무는 모든 곳에 평화가 가득하기를 응원합니다.

어렸을 때에는 집에선
부모께 **효도**하는 방법을 배우고,

밖에 나가선

어른을 **공경**하는 방법을 배워야 하며

말을 삼가고 **진실**되게 하는 방법과

널리 사람을 **사랑**하는 방법,

어진 사람과 잘 지내는 방법을 배우고
실천한 이후에 남는 힘이 있으면

비로소 **학문**을 배워야 합니다.

— 공자, 『논어』「학이」—

"효도도 배웠고, 공경하는 것도 배웠고, 말조심하는 것도 배웠고
사람들하고 잘 지내는 것도 배웠고… 그런데 학문은 배우기 싫은걸!"

공자는 남는 힘이 있으면 그제서야 학문을 공부하라고 이야기합니다. 이 말은 학문을 공부하는 것은 우선순위가 아니라는 것입니다.

그럼 공자는 무엇을 가장 먼저 배워야 한다고 생각했을까요? 그것은 바로 부모님께 효도하는 것입니다.

공자는 모든 아이들이 다른 무엇보다도 부모님께 효도하는 것을 먼저 배워야 한다고 이야기합니다.

그러나 자녀가 부모에게 효도하도록 가르친다는 것은 쉬운 일이 아닙니다. '효'라고 하는 것은 이론상으로 가르친다고 되는 것이 아니라 아이들이 자연스럽게 배울 수 있도록 어른들이 효의 모본이 되어야 하는 것이기 때문입니다.

공자는 이러한 효가 바탕이 되어야, 비로소 우리 아이들은 나가서 배울 수 있는 자격이 얻게 되는 거라고 이야기합니다. 안에서 새는 바가지는 밖에서도 샐 수 있기 때문에 효를 바탕으로 학습의 그릇을 만들어 주는 것입니다.

집에서 효를 배운 아이들은 밖으로 나가서 '예'를 배워야 합니다. 나의 부모님뿐만 아니라 이웃 어른들을 공경할 수 있어야 합니다.

공자는 효와 예를 배우지 못한 사람이 학문을 배우게 되면 그 학문이 자신뿐 아니라 많은 사람을 다치게 할 수 있다고 생각하였습니다. 지금 우리 주변에서 그러한 사례를 찾는 것은 어려운 일도 아닙니다.

풍부한 지식은 아이의 인생을 성공으로 이끄는 도구가 될 수도 있지만 자신과 주변 사람들을 해롭게 만드는 위험한 도구가 될 수도 있습니다.

똑똑한 사람보다 사람다운 사람이 많은 세상이었으면 좋겠습니다. 그런 우리가 되길 응원합니다.

겸손하게 말을 하면

상대는 곧 납득하고

반대하는 사람도 줄어들게 됩니다.

그리고 내 잘못을

정직하게 인정하면

상대방이 박수를 보내 줍니다.

늘 자기 의견만 정당하다고

고집하지 마십시오.

— 벤자민 프랭클린 —

"내가 잘못했어. 용서해 주라!"
"알겠어. 용서해 줄게."
"정말? 고마워. 다음부터 내가 좀 더 잘할게!"

'독불장군'이라는 단어를 들어 본 적 있으신가요?
사전에서는 '독불장군'을 다음과 같이 세 가지로 정리해 놓았습니다.

1. 무슨 일이든 제 생각대로 혼자 처리하는 사람
2. 따돌림을 받는 외로운 사람
3. 혼자서 장군이 될 수 없다는 뜻

세 가지로 정의된 독불장군을 요약해 보면 독불장군이란 '혼자서는 장군이 될 수 없는데 그것을 무시한 채 무슨 일이든 제 생각대로 제 멋대로 처리하여 사람들로부터 따돌림을 받는 외로운 사람'이라고 할 수 있습니다.
독불장군의 특징은 다른 사람들의 이야기에 귀를 기울이지 않는다는 것입니다. 귀를 기울이지 않을 뿐 아니라 소통하기 위해 다가오는 사람들을 밀어냅니다.
인생을 살아 본 어른들은 독불장군으로 세상을 사는 것이 함께 어울려 아웅다웅 싸우며 사는 것보다 더 힘든 일이라고 이야기합니다.
세상 만물이 혼자서 살 수 있게 만들어진 것이 아니기 때문입니다. 그래서 부모가 있고 가족이 있는 것입니다. 그러나 독불장군들은 부모와 가족 조차도 자신의 울타리 밖으로 밀어냅니다.
겸손한 것은 비굴한 것이 아니며, 사과하는 행동은 약한 자들의 자기 보호 방법이 아닙니다.
오히려 자신의 잘못을 인정하고 자신의 약함을 드러낼 때 우리는 타인과 어울려 더 큰 우리가 되고, 더 큰 힘을 발휘할 수 있는 것입니다.
함께여서 행복한 우리의 오늘을 응원합니다.

말은 생각을 담는
그릇입니다.
생각이 맑고 고요하면
말도 맑고 고요하게 나옵니다.
생각이 야비하거나 거칠면
말 또한 야비하고 거칠기 마련입니다.
그러므로 그가 하는 **말**로써
그의 **인품**을 엿볼 수 있습니다.
그래서 **말**을
존재의 **집**이라고 합니다.

— 법정 —

"말풍선에 어떤 말이 들어가길 원해?
나쁜 말보다 좋은 말로 말풍선을 채웠으면 좋겠어!"

사람들이 사소한 '말실수'에도 민감하게 반응하는 이유는 그 말이 실수가 아니라 그 사람의 진심일 수도 있을 거라고 의심을 하기 때문입니다.

왜냐하면 말이라고 하는 게 그들이 말하는 것처럼 아무 생각 없이 나올 수 있는 게 아니라는 것을 경험을 통해서 알고 있기 때문입니다.

사람들이 '취중진담'이라고 이야기하는 것도 그와 같은 맥락입니다. 맨 정신일 때는 이성이라고 하는 것이 입술을 지키고 있어서 입 밖으로 나오는 말들을 잘 단속하여 자신의 생각이 밖으로 드러나지 않게 하지만, 술에 취했을 때는 이성이라고 하는 것이 입 단속을 제대로 할 수 없기 때문에 자신도 모르게 생각이 밖으로 드러나게 되는 것입니다.

자신의 경험을 통해 알고 있기에 사람들은 술에 취했다 하더라도 그 사람의 말이 평소 그가 마음에 담아 두고 있었던 그의 생각들이라고 확신하는 것입니다.

그래서 사람들은 함께 술자리를 가지면서 상대방의 생각을 들여다보려고 하는 것입니다.

한 번 엎질러진 물은 주워 담을 수 없듯이 한 번 입 밖으로 뱉어진 말은 다시 주워 담을 수 없습니다.

그 때문에 술에 취해서 이성의 통제능력이 떨어졌을 때 마음 속에 쌓아 두었던 생각들이 입 밖으로 쏟아져 나올지라도 상대방에게 부끄럽지 않은 생각들로 마음을 채워야 합니다.

우리의 생각과 마음이 꽃밭이 되고 우리의 말이 향기로 전해질 수 있도록 노력하는 우리이길 응원합니다.

내 맘이 내 맘 같지 않을 때

앞을 볼 수 없는
사람으로 태어난 것보다
더 불행한 사람은
볼 수 있음에도 불구하고
비전이 없는 사람입니다.

— 헬렌 켈러 —

"가장 높이 나는 갈매기가
가장 멀리 본다는 것을 다들 알고 있지?
내가 바로 그 갈매기야. 가장 높이 나는 갈매기!"

한 나그네가 밤중에 빛도 없는 어두컴컴한 길을 걷고 있었습니다. 워낙 캄캄한 밤이라 한 치 앞도 볼 수가 없었습니다. 그때 저 멀리서 등불을 든 사람이 자신을 향해 오고 있는 것을 보게 되었습니다. 덕분에 그 나그네는 빛도 없는 캄캄한 밤중에 돌부리에 걸려 넘어지지도 않았을뿐더러 그 사람과 스쳐 지나가기까지 어두운 밤길을 편하게 걸을 수 있었습니다.

나그네는 등불을 들고 걸어온 사람에게 고맙다는 말을 전하기 위해 그에게로 다가갔습니다. 나그네는 등불을 든 사람을 보자마자 깜짝 놀랐습니다. 왜냐하면 그 사람은 앞을 못보는 맹인이었기 때문입니다.

'맹인이 한 밤중에 등불을 들고 걷는다?' 아무리 생각해도 이해가 되지 않았던 나그네는 맹인에게 왜 등불을 들고 걷는지 물어보았습니다.

"여보시오. 당신은 앞도 보이지 않는 사람인데 왜 밤중에 등불을 들고 걷는 것이오?"

그러자 맹인은 나그네에게 대답했습니다.

"이 등불은 나를 위한 것이 아니라 상대방을 위한 것입니다. 나와 부딪치지 않도록 들고 다니는 것이지요."

'눈 뜬 장님'이라는 말이 있습니다. 봐야 할 것을 보지 못하기 때문입니다. 눈에 보이는 것이 전부가 아닙니다.

눈앞의 먹구름만 보며 좌절하는 우리가 아니라, 먹구름 너머에서 밝게 빛나고 있는 태양을 보며 힘차게 전진하는 우리가 되기를 응원합니다.

은혜를 모르는 것은
근본적인 결함입니다.
그렇기 때문에 은혜를 모르는 사람은
삶이라는 영역에서
무능한 사람이라고 할 수 있습니다.
받은 은혜에 대하여 감사할 줄 아는 마음,
그것은 사람이 사람답게 사는
첫 번째 조건입니다.

— 괴테 —

"진즉 말했어야 했는데 뭐가 그리 힘든지.
고맙다. 내 곁에 있어 줘서!"

옛날에는 은혜를 모르는 사람을 가리켜 '짐승만도 못한 놈'이라고 했습니다. 왜냐하면 짐승도 자신을 길러 준 주인의 은혜는 알기 때문입니다.

그러나 요즘 아이들은 받는 것을 당연한 것으로 받아들입니다. 부모님의 선물이라 생각하지 않고 그것을 받는 것은 자신들의 당연한 권리라고 생각합니다.

하지만 우리는 우리 아이들의 이러한 행동을 탓할 수도 야단을 칠 수도 없습니다.

왜냐하면 우리 아이들이 우리들로부터 감사하는 방법을 배우지 못했기 때문입니다.

알고도 행하지 않는 게 아니라 부모님으로부터, 주변 어른들로부터 감사하는 방법에 대하여 제대로 배우지 못했기 때문에 감사한 마음을 표현하는 것 또한 제대로 하지 못하는 것입니다.

괴테는 감사하는 법을 배우지 못한 사람을 가리켜 '무능한 사람'이라고 하였습니다. 그렇기 때문에 괴테의 입장에서 볼 때 우리 아이들은 무능한 사람인 것입니다.

우리 아이들이 유능한 사람이 되길 원하시나요?

그렇다면 우리는 우리 아이들이 감사할 줄 아는 사람으로 성장할 수 있도록 도와주어야 합니다. 우리 어른들이 먼저 감사할 줄 아는 사람이 되어야 합니다. 왜냐하면 감사는 글로 가르치는 것이 아니라 삶을 통해 행동으로 가르치는 것이기 때문입니다.

우리 아이들이 감사하는 삶을 통해 사람답게 살 수 있었으면 좋겠습니다. 우리 아이들의 삶이 지금보다 조금 더 아름다워질 수 있기를 응원합니다.

우리는 때때로
'그 사람은 그릇이 크다'는 말을 합니다.

큰 그릇은 손해를 볼 줄

알기 때문입니다.
손해를 받아들일 줄 알면
손해 대신 사람들에게

감사와 신뢰와 존경을 받습니다.

그래서 결국 그릇이 큰 사람은

성공하는 사람입니다.

— 소메야 가미즈 —

"하나라도 더 담고 싶은 이유는
하나라도 더 나눠 주고 싶기 때문입니다."

요즘 사람들은 조금도 손해를 보려고 하지 않습니다.

조금이라도 손해를 보면 '나만 바보가 된 것 같은 느낌'을 받기 때문이라고 합니다.

왜 '손해 보는 것 = 바보'가 되는 걸까요?

'현명한 것 = 손해 보지 않는 것'일까요?

실제로 양보하고 배려하는 사람들과 그들을 대하는 사람들을 관찰해 보면 우리가 기대했던 것과 다른 방향으로 관계가 형성되는 것을 보게 됩니다.

처음에는 많은 사람들이 상대방의 배려와 양보에 대하여 미안해하고 고마워합니다. 그러나 시간이 흐를수록 사람들은 상대방의 양보와 배려를 당연시하고, 나중에는 상대방이 자신에게 양보하지 않고 배려해 주지 않음을 마치 상대방이 큰 잘못을 저지른 것처럼 이야기하며 비난합니다.

그것으로 인해 양보하고 배려했던 사람들은 마음에 상처를 입습니다. 양보를 하고 배려를 했음에도 불구하고 원망과 비난을 받을 바에야 차라리 처음부터 그렇게 양보하고 배려하지 않는 게 서로를 위해 낫다고 생각을 하게 된 것입니다.

그러나 아직도 여전히 배려하고 양보하는 사람들이 있습니다. 오늘의 나의 배려와 양보가 당장 나에게는 도움이 되지 않을 수 있지만, 미래를 살아갈 아이들에게는 큰 이익과 도움이 될 거라 확신하기 때문입니다.

그렇게 그들은 '그릇이 큰 사람'이 됩니다. 비난과 불평까지도 담을 수 있는 넉넉함이 있기 때문입니다.

매일이 힘들다면 오늘 하루만큼은 큰 맘 먹고 큰 그릇이 되어 보는 것은 어떨까요? 우린 할 수 있습니다.

만일 당신에게 모든 형태의 역경을

피해 갈 능력이 있어서

그렇게 한다면 당신의 성품은

어떻게 계발할 건가요?

역경이란 피해갈 것도
두려워할 것도 아닙니다.

품에 안고 극복해야 하는 것입니다.

— 콜린 터너 —

"왜 위험하게 파도를 타냐고?
뭐가 위험한데? 재밌기만 한걸.
파도를 타다 보면 많은 것을 배우게 돼!"

한 농부가 신에게 간절히 기도했습니다.

"신이시여 매년 농사를 짓지만 내 맘대로 되지 않아 늘 힘들었습니다. 그래서 말인데 이번 1년 날씨만큼은 제가 마음대로 조절할 수 있게 해 주십시오."

신은 농부의 이러한 부탁을 들어주기로 하였습니다.
신이 난 농부는 날씨를 잘 조절하여 자신이 원하는 대로 농사를 지을 수 있었습니다.
노랗게 익어 가는 벼를 보며 농부는 올가을에는 여느 때보다 큰 수확을 할 수 있을거라 기대했습니다.
가을이 되어 추수를 마치고 탈곡하기 위해 타작을 시작한 농부는 깜짝 놀랐습니다.
왜냐하면 노랗게 익은 벼 속에 알맹이가 없었기 때문입니다. 있어야 할 알맹이가 없자 농부가 신에게 따져 물었습니다.

"신이시여, 올해는 내가 원하는 대로 날씨도 조절하고 정성을 다해 농사를 지었는데 왜 알맹이가 없는 것입니까?"

신은 농부에게 다음과 같이 대답하였습니다.

"네가 나에게 부탁한 것은 날씨를 조절하는 능력이지 알맹이가 아니지 않았느냐?"

역경과 고난이 우리의 삶을 더욱 알차게 만든다는 사실을 기억하고 감사할 수 있는 우리이길 응원합니다.

내 맘이 내 맘 같지 않을 때

삶이란, 우리의 인생 앞에
어떤 일이 생기느냐에 따라
결정되는 것이 아니라,
우리가 어떤 태도를
취하느냐에 따라 결정됩니다.

— 존 호머 밀스 —

"기다리기가 지루하고 힘들다고 해서
아무 버스나 타면 안 돼.
네가 어떤 버스를 타야 하는지 잘 알고 있어야 해!"

신도 어떻게 할 수 없는 것은 인간의 '선택'입니다.

인간의 선택만큼은 신도 강요할 수 없으며 강제할 수 없습니다. 그 때문에 순간순간의 선택은 인간이 사용할 수 있는 최고의 특권입니다.

우리는 만화나 TV에서 인간이 갈등할 때 인간의 좌우편에 등장하는 천사와 악마의 모습을 보게 됩니다.

그리고 천사와 악마가 인간에게 속삭이는 것을 보게 됩니다. 왜 그들은 인간에게 속삭이는 걸까요?

최종적으로 선택을 하는 것은 자신들이 아니라 인간이기 때문입니다. 악마와 천사가 싸우는 것도 인간이 자신의 주장을 선택하도록 하기 위함이지 인간의 의지를 강제하기 위함이 아닙니다. 그만큼 우리의 선택은 특별합니다.

우리는 선택이라는 특별하고 소중한 권한을 슬기롭고 현명하게 사용해야 합니다. 선택이라고 하는 이 특권은 우리의 운명을 바꿀 수 있는 힘도 가지고 있기 때문입니다.

우리는 생각이 행동을 만들고, 행동이 습관을 만들며, 습관이 운명을 만든다는 것을 알고 있습니다. 그리고 그 운명을 만드는 그 사이사이에 선택이 있다는 것도 압니다.

생각한 것을 행동으로 옮길지 말지를 선택해야 하고, 행동으로 옮긴 것들을 한 번으로 그칠지 꾸준히 계속해야 할지 선택해야 합니다.

선택의 다른 이름은 '기회'입니다.

옳은 선택을 하게 되면 잘못된 운명을 바꿀 수 있는 기회를 얻게 될 것이고, 잘못된 선택을 하면 운명을 바꿀 수 있는 기회를 잃게 될 것입니다. 좋은 선택을 통해 좋은 기회를 얻게 되는 우리이길 응원합니다.

이 세상에는
쓸모없는 것이 없습니다.

사람들은
쓸모 있음의 쓸모만 알고
쓸모없음의 쓸모는 모릅니다.

- 장자 -

"누구에게는 액정이 깨진 쓸모없는 휴대전화.
그러나 다른 누구에게 더위를 식혀 줄 얼음채굴장!"

옛날 아주 먼 옛날 '삼 년 고개'라고 불리는 신기한 고개가 있었습니다.

왜 삼 년 고개로 불리게 됐냐면 신기하게도 그 고개에서 넘어진 모든 사람들이 딱 3년만 살고 모두 죽었기 때문입니다.

사람들은 그 고개가 가진 힘이 신기하기도 하지만 거기에서 넘어진 모든 사람들이 3년밖에 살지 못하기 때문에 그 고개를 넘는 사람들이 고개를 넘다가 넘어지지 않도록 주의하라고 '경고문'까지 달아 놓았습니다.

〈경고〉
이 고개에서 넘어진 사람은 3년밖에 살지 못하니
이 고개를 넘을 때는 넘어지지 않도록 조심하시오.

그러던 어느 날, 노인 한 명이 경고문을 보지 못하고 고개를 넘다가 그만 넘어지고 말았습니다.

사람들은 그 노인을 보며 안됐다고 위로해 주었습니다. 무슨 영문인지 몰라 어리둥절해하는 노인에게 사람들은 이 삼 년 고개에서 넘어진 사람은 3년밖에 살 수 없다고 가르쳐 주었습니다.

노인은 자신이 3년밖에 살 수 없다는 이야기에 크게 낙심하며 집으로 돌아갔습니다. 노인이 근심 걱정이 많은 얼굴로 집에 도착하자 노인의 딸이 물었습니다.

"아버님, 밖에서 무슨 일 있으셨어요? 얼굴 표정이 많이 안 좋아 보이세요."

노인은 자신이 삼 년 고개에서 넘어진 일과 삼 년 고개가 가지고 있는 신비한 힘에 대하여 딸에게 들려주었습니다. 그리고 자신이 앞으로 3년밖에 살 수 없음도 들려주었습니다.

자초지종을 다 들은 노인의 딸은 오히려 잘되었다는 듯 이야기했습니다.

"세상에 그런 곳이 다 있어요? 정말 잘됐네요. 이제부터 아버지께서 삼 년에 한 번씩 그 고개에 가서 넘어지시면 아버지께서는 계속해서 삼 년을 더 사실 수 있으니 그 고개는 '삼 년 고개'가 아니라 '장수 고개'라고 해야겠네요."

많은 사람들은 삼 년 고개가 사람을 삼 년만 살게 하는, 사람의 목숨을 빼앗아 가는 쓸모없는 고개라고 생각했습니다. 그러나 노인의 딸은 삼 년에 한 번씩, 삼 년을 더 살게 해 주니 정말 쓸모가 많은 고개라고 생각했습니다.

무엇을 어떻게 보고 어떻게 생각하느냐에 따라 누구에게는 쓸모없는 것이 누구에게는 쓸모 있는 것이 됩니다.

고정된 생각과 틀에 갇힌 생각으로 사물을 바라보고 생각하는 우리가 아니라, 보다 다양하게 생각해 보고 열린 마음과 열린 생각으로 사물을 바라보고 생각할 줄 아는 우리가 되길 응원합니다.

세상에는
두 종류의 사람들이 있습니다.
자신이 할 수 있다고
생각하는 사람과
자신이 할 수 없다고
생각하는 사람입니다.
두 사람 다 옳습니다.
왜냐하면 생각하는 대로
되기 때문입니다.

— 헨리 포드 —

"나는 비행기 조종사가 될 거예요.
될 수 있냐고요? 물론이지요.
내가 그렇게 되기로 마음먹었거든요!"

내 맘이 내 맘 같지 않을 때

우리는 무언가를 할 수 있을 때 영어로 'I can'이라고 합니다. 반대로 무언가를 할 수 없을 때는 'I can not'이라고 합니다.

can을 영어 사전에서 찾아보면 '할 수 있다'는 의미와 함께 '통조림', '캔'이라는 의미도 가지고 있습니다.

어떻게 해서 '깡통', '통조림'을 의미하는 can이 '할 수 있다'는 의미의 can이 된 걸까요?

can은 원시 게르만어 kunnan에서 왔고 그 의미는 '나의 지적 능력이 확장되어 전에 몰랐던 것을 알게 되었다'라고 합니다.

어원을 통해 우리는 '깡통', '통조림'인 can이 '할 수 있다'의 can이 된 과정을 다음과 같이 유추해 볼 수 있습니다.

'깡통'으로 된 '통조림'을 배우기 전에는 혼자서 열 수가 없어서 그 내용물을 얻을 수가 없었는데, 배움을 통해 지적 능력이 확장되어 '깡통'으로 된 '통조림'을 여는 방법을 알게 되었다. 그래서 'can' 속에 있는 내용물을 얻을 수 있게 되었고 '깡통', '통조림'이었던 can이 '할 수 있다'는 의미의 can이 된 것이다.

어원을 통해 알 수 있듯이 할 수 있는 힘은 배움에서 나옵니다. 할 수 없었지만 배움을 통해 할 수 있게 된 것입니다.

깡통 통조림을 따는 것이 쉬운가요?

그렇지 않습니다. 오늘날에도 많은 부모님들은 깡통으로 된 통조림이 매우 위험하다고 생각합니다. 왜냐하면 어른들도 깡통 통조림을 따다가 깡통 뚜껑에 손을 베기도 하고 긁히기도 하기 때문입니다.

그래서 많은 부모님들이 자녀들이 혼자서 깡통 통조림 뚜껑 따는 것을 허락하지 않습니다. 그 때문에 아이들은 여전히 깡통 통조림을 따지 못하고 부모님이 없이는 혼자서 깡통 통조림의 내용을 얻지 못합니다.

말 그대로 can not입니다. 깡통 통조림이 있지만 깡통 통조림을 열 수 없어 깡통 통조림을 사용할 수 없으니 없는 것과 똑같은 것입니다.

내가 할 수 있기를 바란다면 내가 배워야 하고, 우리 아이들이 할 수 있기를 바란다면 그들이 배울 수 있도록 도와주어야 합니다. 절대 '내가 배워서 내가 해 주면 되지'라고 생각하지 마십시오. 그것은 나만 할 수 있는 사람이 되겠다는 이기적인 생각입니다. 혼자서 깡통 통조림을 딸 수 있는 우리이길, 혼자서 깡통 통조림을 딸 수 있는 우리 아이들이길 응원합니다.

다음 3가지 질문에 모두
'Yes'를 할 수 없다면
당신이 성공할 확률은
'Zero'입니다.

1. 당신은 정말로 성공하고 싶나요?
2. 당신에게는 성공할 자격이 있다고 생각하나요?
3. 당신은 성공할 수 있다고 믿나요?

성공하지 못하는 가장 큰 이유는
자신감 결여와 자기 불신입니다.

— 존 맥그레이스 —

"누군가가 나에게 성공했냐고 물어본다면 내 대답은 'Yes'입니다.
수없이 많이 넘어졌지만 포기하지 않고 계속 도전했기에
나는 한번도 실패한 적이 없습니다."

'회복탄력성'이라고 들어 본 적이 있나요?

회복탄력성은 1954년부터 1984년까지 30년에 걸쳐 카우아이섬에서 태어난 833명의 아이들을 대상으로 연구한 결과로 세상에 등장하게 된 표현입니다.

당시 카우아이섬에서 태어난 833명의 아이들 중 200여 명의 아이들은 다른 어떤 아이들보다 심각한 상황이었습니다. 그 때문에 위너 박사는 이런 환경 속에서 자라나는 아이들 대부분은 부모와 같은 삶을 살거나 더 열악한 삶을 살거라 예측하였습니다. 그러나 200여 명의 아이들 중 72명의 아이들은 위너 박사의 예측과는 달리 누가 봐도 부러워할 만한 성공적인 삶을 살고 있었습니다.

위너 박사는 그 이유가 궁금해졌습니다. 그래서 위너 박사는 72명의 아이들에 대해 다시 조사를 했고 그들에게 공통점이 있다는 것을 발견하게 되었습니다. 그들에게는 다른 아이들보다 실패와 좌절 후 다시 일어서는 '회복탄력성'이라고 하는 것이 강했다는 것이었습니다.

어떤 사람들은 회복탄력성을 '역경을 견디는 힘'이라고 생각하는데 회복탄력성은 역경을 견디는 힘이 아닙니다.

회복탄력성은 태풍이 불 때 태풍의 강한 바람을 견디어 내는 참나무와 같은 힘이 아니라, 태풍의 강한 바람에 쓰러지고 넘어지지만 다시 일어서는 갈대와 같은 힘입니다. 위너 박사는 이 회복탄력성이 자존감을 통해 강해진다는 사실을 알게 되었고 그러한 자존감이 형성되기까지 어떤 상황에서도 그들을 절대적으로 믿어 주고 지지해 주는 누군가 있었다는 것도 알게 되었습니다.

우리는 성공할 수 있을까요? 당연히 성공할 수 있습니다. 어떤 상황에서도 성공을 의심하지 않는다면 말입니다. 넘어져도 일어날 수 있는 우리이길 응원합니다.

햇빛은 달콤하고,
비는 상쾌하고,
바람은 시원하며
눈은 기분을 들뜨게 만듭니다.
세상에 나쁜 날씨란 없습니다.
서로 다른 종류의 날씨만
있을 뿐입니다.

— 존 러스킨 —

"어떤 날씨가 좋은 날씨인가요?"
"정답요? 정답은 없습니다.
내가 좋아하는 날씨가 좋은 날씨입니다."

다르다는 것을 인정하는 것만으로도 사람은 행복한 삶을 살 수 있다고 합니다. 그런데 많은 사람들이 다름을 인정하지 못하면 서 살고 있습니다.

"아니에요. 나는 다름을 인정하면서 살고 있어요. 그런데 행복하 지 않아요. 도대체 왜 난 행복하지 않은 걸까요?"

정말 그럴까요? 다름을 인정하는 사람은 자신의 삶을 다른 사람 들의 삶과 비교하지 않습니다. 비교하지 않기 때문에 자신이 원 하는 삶을 살며 그 가운데서 행복을 느낍니다. 그러나 많은 사람 들은 자신의 삶을 타인의 삶과 비교하기 때문에 자신의 삶이 타 인의 삶과 같지 않음을 속상해하며 불행하다고 생각합니다.
다름을 인정한다는 것은 비교하지 않음을 의미합니다.

"에이, 살면서 어떻게 비교를 하지 않을 수가 있어요? 우리 모두 는 좋든 싫든 비교하며, 비교 당하며 살잖아요."

기준이 있는 것과 비교하는 것은 다릅니다.
기준을 가지고 기준에 나를 비추어 보는 것은 나의 발전과 성장 을 위해서 필요합니다. 그러나 기준이 없이 자신을 누군가와 비교 한다면 그것은 잘못된 일입니다. 왜냐하면 비교하는 대상에 따 라 나의 기분이 변하고 흔들릴 수 있기 때문입니다.
여러분의 삶의 기준은 무엇인가요?
돈? 건강? 아니면 명예와 권력인가요?
여러분의 삶의 기준이 타인이 아니었으면 좋겠습니다. 누군가가 가지고 있는 부와 명예가 아니었으면 좋겠습니다. 내가 정한 기 준에 따라 한 번뿐인 삶을 유쾌, 상쾌, 통쾌하게 사는 우리이길 응원합니다.

아니라고 하는 'No'를 거꾸로 하면
전진을 의미하는 'on'이 됩니다.
모든 문제에는 반드시
문제를 푸는 열쇠가 있습니다.
우리는 끊임없이 생각하고
찾아내야 합니다.

— 노먼 빈센트 필 —

"아무리 많은 문들이 나를 가로막아도 상관없습니다.
나에게는 그 문들을 열 수 있는 만능열쇠가 있으니까요!"

숨은 그림 찾기를 통해 깨달은 것이 있다면 목록에 나와 있는 것들은 없는 것 같아도 반드시 그림 속에 숨어 있다는 것입니다. 분명히 있는데 내가 못 찾을 뿐입니다.

아이들이 숨은 그림 찾기를 하는 것을 지켜보면 바로 코 앞에 있는 그림인데도 못 찾는 것을 보게 됩니다. 가르쳐 주고 싶지만 참고 지켜만 보면 아이가 이야기합니다.

"이 그림이 잘못된 것 같아요. 이것은 아무리 찾아봐도 보이질 않아요. 그림을 그리는 사람이 그리다가 빠뜨렸나 봐요."

아이는 자신이 못 찾는다고는 생각지 않고 그림이 보이지 않기 때문에 잘못된 그림이라고 결론지어 버립니다. 그러나 이것은 아이들에게서만 볼 수 있는 장면은 아닙니다. 많은 어른들도 찾기를 몇 번 시도하다가 찾지 못하면 포기하면서 '없다', '잘못된 것이다'라고 이야기합니다.

다른 아이들은 귀신같이 잘 찾는데 왜 그 아이 눈에는 안 보이는 걸까요? 다른 사람들은 쉽게 성공하는데 왜 우리는 성공하는 것이 그렇게도 어려운 걸까요?

숨은 그림 찾기를 잘하는 사람들과 성공하는 사람들의 공통점은 포기하지 않는다는 것입니다. 다양한 방법으로 자신만의 방법을 찾아낸다는 것입니다.

그들이 찾았다면 우리도 찾을 수 있습니다.

다양한 관점에서 찾아보고, 있을 만한 곳을 끊임없이 생각하고, 포기하지 않고 도전함으로 우리의 삶 속에 감추어진 숨은 그림들을 다 찾게 되는 우리이길 응원합니다.

내가 걷는 길은 험하고
미끄러웠습니다.
그래서 나는 자꾸만 미끄러져
길바닥에 넘어지곤 하였습니다.
그러나 난 곧 기운을 차리고
내 자신에게 말했습니다.

"괜찮아! 길이 미끄럽기는 해도
낭떠러지는 아니야!"

— 에이브러햄 링컨 —

"항상 즐거울 수는 없는 거야.
슬프고 짜증나고 화나고 속상할 때도 있지.
그러나 나는 오늘도 즐거움을 선택할래!"

사람이 '절대 긍정'으로 산다는 것은 쉬운 일이 아닙니다. 시시때때로 바뀌는 것이 사람이고, 엄청나게 강했다가도 한없이 약해지는 것 또한 사람이기 때문입니다.

그런데 링컨은 절대 긍정의 사람이었나 봅니다.

넘어지기는 해도 굴러 떨어지지 않았음에 감사할 수 있는 사람이었으니까요. 그러고 보면 감사하는 습관은 성공하기 위한 필수 요소일 뿐 아니라 행복한 삶을 살기 위해서는 꼭 지녀야 할 마음의 태도인 것 같습니다.

무엇을 감사하며 살고 있나요?

세상에 태어난 것에 대하여 감사하며 살고 있나요? 하루하루 숨을 쉬는 것과 따뜻한 햇살과 봄, 여름, 가을, 겨울로 변하는 계절에 대하여 감사하나요?

먹을 수 있는 음식이 있다는 것과 마실 수 있는 물이 있다는 것, 입을 수 있는 옷과 머물 수 있는 집이 있다는 것에 대하여 감사하며 살고 있나요?

언제부터인가 사소한 일은 당연한 것으로 여기고 커다란 것에만 감사를 하는 나를 발견하게 됩니다. 이제부터는 사소한 것에서부터 감사할 수 있는 연습부터 해야겠습니다.

보고 듣고 말하고 느낄 수 있음에 감사하고, 걷고 뛰고 달릴 수 있음에 감사하며, 노래하고 춤출 수 있음에 감사해야겠습니다.

모두가 당연하다고 생각하는 사소한 것들부터 감사하다 보면 링컨처럼 어떤 상황과 어떤 어려움 속에서도 감사할 수 있는 절대 긍정의 사람이 될 테니까요.

이런 글을 나눌 수 있어 참 감사합니다.

고정관념에 매달려 있다 보면

그것이 옳다는 사실을

자꾸만 증명하려고 합니다.

그러나 일단 그 고정관념에서 벗어나게 되면,

계속해서 같은 문제 때문에

같은 교훈을 배울 필요도 없고

인생 자체도 바뀌게 될 것입니다.

― 앤드류 매튜스 ―

"내가 보고 있는 세상만이 세상에 존재하는 세상이 아니겠죠?
분명 내가 보지 못하지만 존재하는 세상도 있을 거예요.
그런 세계를 볼 수 있는 눈을 갖고 싶네요."

고정관념: 더 이상 변화할 생각이 없는 것
변화하지 않는 생각: 고정관념

세상에는 어제와 똑같은 것은 하나도 없습니다.
길가에 있는 가로등도 어제와 똑같아 보이지만 전혀 똑같지 않습니다. 왜냐하면 분명 오늘은 어제보다 먼지가 하나라도 더 쌓여서 가로등의 빛이 어제보다는 오늘 조금이라도 더 흐릴 것이기 때문입니다.
10년이면 강산도 변한다고 하는데 그 강산이 10년이 되자마자 '휙' 하고 한순간에 변한 것일까요?
절대 그렇지 않습니다. 매일 조금씩 변한 것입니다.
모든 것이 어제와는 다르게 조금씩 조금씩 변해 가는데 우리는 어떤가요? 우리의 몸과 마음 그리고 생각은 잘 성장하고 있나요?
시대의 흐름과 시대의 변화에 맞게 잘 따라가고 있나요?
고정관념이라고 하는 것이 우리가 변화에 따라가지 못하도록 우리가 성장하지 못하도록 발목을 잡고 있지는 않나요?

"고정관념은 사람을 멍청이로 만든다."

이 말은 현대그룹 창업자 고 정주영 회장의 말입니다.
정주영 회장은 서해간척사업 때 유조선공법으로 모두가 불가능하다고 생각했던 물막이 공사를 성공시켰습니다. 유조선공법은 당시 건축학의 고정관념을 통째로 날려버리고 '정주영공법'이라고 하는 것을 만들어 냈습니다. '불가능'을 넘어 성장하는 우리이길 응원합니다.

부자는 많이 갖고 있는 사람이 아니라
많이 주는 사람입니다.
가진 것 하나라도 잃어버릴까
전전긍긍하는 사람은
많은 것을 가진 거지입니다.
자기 자신을 줄 수 있는 사람이야말로
최고의 부자입니다.

— 에리히 프롬 —

"엄마! 그거 알아요?
난 지금 아무것도 필요 없어요.
엄마만 있으면 돼요."

사람들은 '행복을 나누면 두 배가 되고, 슬픔을 나누면 반이 된다'고 이야기합니다.

이렇게 말한다는 것은 어떻게 하면 행복하게 살 수 있는지 우리 모두는 알고 있다는 것입니다. 그럼에도 불구하고 왜 세상에는 행복한 사람으로 가득하지 않을까요?

머리로는 알지만 행동으로 옮기기가 쉽지 않기 때문입니다. 행동으로 옮기기까지 오랜 시간이 걸리기 때문입니다. 그래서 이야기합니다.

"나도 알아! 그런데 그게 내 맘대로 안 되는 걸 나보고 어떻게 하라고?"

사람들이 알고 있는 것을 실천하지 못하는 경우는 반만 알고 있기 때문입니다. 반쪽짜리 지식이기 때문에 실천하는 데 어려움이 있는 것입니다.

그래서 어떤 것을 실행하기 위해서는 단계적으로 행할 수 있는 계획을 짜야 한다고 이야기합니다. 한꺼번에 큰 것을 이루려고 하지 말고, 한꺼번에 많은 걸 하려고 하지 말고 작은 것부터 실천함으로 실천의 단계를 올려야 합니다.

자신을 준다는 것은 자신의 전부를 주는 것이기 때문에 그것을 한 번에 성취한다는 것은 결코 쉽지 않은 일입니다. 그 때문에 실패할 확률도 올라가지요.

누구나 쉽게 할 수 있는 콩 한 쪽 나누는 것부터 다시 시작해 보는 것은 어떨까요?

가진 게 많아서 행복한 우리가 아니라 줄 것이 많아서 행복한 우리였으면 좋겠습니다. 많이 가진 거지가 아니라 가진 게 적은 부자가 되길 응원합니다.

목표가 없는
사람들은
목표가 확실한
사람들을 위해
일하도록
운명이 결정됩니다.

— 브라이언 트레이시 —

"내가 살고 싶은 집이 어떤 집인지 아셨죠?
제가 원하는 대로 멋진 집을 지어 주세요."

목표가 없는 사람들은 무엇을 해야 할지 모르기 때문에 목표가 있는 사람들을 따라가게 됩니다.

정보가 없는 사람들이 정보를 가진 사람을 따라가는 이유도 어떠한 일을 하는 데 있어서 무엇을 어떻게 해야 할지 모르기 때문에 그들이 가진 정보를 통해 해야 할 방향을 잡기 위함입니다.

그래서 옛 사람들은 큰일을 하기 위해서는 큰 뜻을 품고 부지런히 배워야 한다고 이야기했습니다. 다시 말하면 목표를 가지고 그 목표를 이루기 위한 다양한 정보를 가지고 있어야 한다는 것입니다.

목적이 있기 때문에 배움을 게을리하지 않을 것이고 배움을 통해 세상을 보다 넓고 다르게 볼 수 있는 관점을 갖게 될 거라 생각했습니다. 목표를 가지고 배움을 게을리하지 않는 사람이 세상을 위해 큰일을 할 수 있을 거라 믿었습니다.

우리는 우리가 살고 있는 세상을 관찰해 볼 필요가 있습니다. 그러면 우리는 우리가 살고 있는 세상이 꿈을 설계하는 사람들과 그들의 꿈을 이루어 주기 위해 움직이는 사람들로 나누어져 있음을 알게 될 것입니다.

직장을 다니는 사람들이든 개인사업을 하는 사람들이든 자신에게는 자신의 꿈을 설계할 수 있는 능력이 없다는 것을 알고 있는 사람들이 많습니다. 그래서 그들의 자신의 삶과 자신의 성공을 위해 오늘도 멘토를 찾아 헤맵니다.

왜 자신의 삶이고 자신의 꿈인데 다른 누군가가 이끌어 주길 바라는 걸까요? 능력이 없기 때문입니다.

그래서 우리는 끊임없이 꿈을 꾸고, 끊임없이 배워야 하는 것입니다. 이러한 우리의 자세는 우리 성공뿐만이 아니라 어느 순간, 세상에 도움을 주게 될 것입니다. 매일 멋진 꿈을 꾸고, 열심히 배우는 우리이길 응원합니다.

남들과 다르다는 이유만으로
꼭 필요한 사람이 되는 것은 아니지만
꼭 필요한 사람이 되는 방법은
남들과 달라지는 것입니다.

대체불가능한
사람이 되십시오.

— 세스 고든 —

"아빠가 소방관은 위험하니까
다른 직업을 선택하는 것이 어떠냐고 말씀하세요.
그렇지만 다 위험하다고 해서 안 하면 누가 하나요? 내가 해야죠!"

어울리지 못하는 '다름'은 매력적이지 않습니다. 어디에 갖다 놓아도 어울릴 수 있는 '다름'이어야 합니다.

'어울린다는 것'은 우리가 생각하는 것보다 중요하며, 우리가 생각하는 것 이상의 힘을 가지고 있습니다.

'그저 잘 어울리기만 하는 것뿐인데 그것이 능력이 되고 힘이 될 수 있을까?'

'어울리지 않는다는 것'은 있어도 되고, 없어도 상관없는 것이 아닙니다. 어울리지 않는다는 것은 쓸모가 없다는 것의 다른 표현이기도 합니다. 쓸모가 없기 때문에 사람들 대부분 그것을 어디 보이지 않는 곳에 처박아 둡니다. 언젠가는 꼭 쓸 날이 있을 거라 믿으면서 말이죠. 그러나 어울리지 못하는 것은 어울릴 수 있는 곳을 찾기가 쉽지 않기 때문에 결국에는 버려지게 됩니다.

마찬가지로 '잘 어울린다는 것'은 역시 있으면 좋고, 없어도 상관없는 것이 아닙니다. 잘 어울리기 때문에 꼭 있어야 되는 것입니다. '쓸모가 있다'는 것입니다.

그뿐만 아니라 어울림을 통해 가치를 만들고 가치를 올리기 때문에 대체 가능한 존재가 아니라 대체 불가능한 절대 가치를 가지게 됩니다.

오늘날 많은 부모님들은 자신들의 자녀들에게 다른 아이들과 구별되는 사람이 되라고 이야기합니다. 남들과 달라야 경쟁 사회에서 이기고 살아남기가 쉽다고 가르칩니다. 정말 그럴까요? 성공한 사람들은 다르기만 해서는 안 된다고 이야기합니다. 다를 뿐 아니라 잘 어울리는 사람이 되어야 한다고 이야기합니다. 대체 불가능한 매력으로 모든 곳에 잘 어울리는 우리이길 응원합니다.

아무리 **약한 사람**이라도

단 하나의 목적에

자신의 온 힘을 **집중**하면

무언가를 **성취**할 수 있지만

아무리 **강한 사람**이라도

힘을 많은 목적에 **분산**시키면

어떤 것도 성취할 수 없게 됩니다.

― 샤를 몽테스키외 ―

"그래, 처음에는 '그까짓 바람'이라고 생각했을 거야.
그리고 '잠깐 불다가 말겠지'라고도 생각했겠지.
그러나 시간이 흐르고 나니 알겠지? 그깟 바람의 힘을."

이것저것 일을 많이 벌려 놓는 사람에게 많은 사람들이 이야기 합니다.

"제발 한 가지에만 집중해! 옛부터 어른들이 두 마리의 토끼를 다 잡으려고 하다가는 한 마리의 토끼도 잡을 수 없다고 말씀하셨잖아. 살아 보니 그게 거짓말이 아니야."

그런데 왜 사람들은 여전히 한꺼번에 두 마리 토끼를 잡으려고 하는 걸까요?
경험한 사람들이 한꺼번에 두 마리 토끼를 잡을 수 없다고 말을 하고 있음에도 불구하고 왜 한꺼번에 두 마리 토끼를 잡으려고 하는 사람들이 줄어들지 않고 오히려 늘어나고 있는 걸까요?
그것은 그들이 직접 두 마리 토끼를 한꺼번에 잡는 사람을 보았거나 두 마리 토끼를 한꺼번에 잡은 사람이 있다는 이야기를 들었기 때문입니다.
그래서 자신도 할 수 있다고 생각하는 것입니다.
아직 그럴 역량이 아닌데 남들도 할 수 있으면 자신도 할 수 있다고 생각하는 것입니다.

"그 사람도 팔 두 개 나도 팔 두 개, 그 사람도 다리 두 개 나도 다리 두 개, 그 사람이 할 수 있으면 나도 할 수 있어. 똑같은 사람이 하는 일인데 내가 못할 게 뭐야."

결과만을 가지고 이야기하면 누구나 다 할 수 있다고 생각을 합니다. 하지만 과정까지 이야기하면 누구나 쉽게 도전하지 못합니다. 노력하는 자세와 역량이 다르다는 것을 깨닫게 되기 때문입니다.
두 마리 토끼를 잡고 싶은가요? 그럼 한 마리 토끼를 잡은 다음 또 한 마리를 잡는 것이 가장 빠른 방법입니다. 자신의 역량을 키워 토끼를 두 마리뿐만 아니라 열 마리, 백 마리 잡을 수 있게 되는 우리이길 응원합니다.

실력이 떨어지면
남들보다 더 많은 노력을 기울여
이를 극복하면 되는 것입니다.
무엇보다 필요한 것은
스스로 하고자 하는 의지입니다.

— 거스 히딩크 —

"나도 알아, 너희보다 키도 작도 힘도 약하다는 걸.
그래도 포기하지 않아.
이게 강해지는 거라는 것을 알고 있으니까!"

'원숭이도 나무에서 떨어질 때가 있는 법'이란 속담이 있습니다. 이 속담은 언제 사용해야 하는 속담일까요?

1. 원숭이라고 해서 모든 원숭이들이 나무를 잘 타는 것은 아니다. 즉, 못 타는 원숭이도 있는 것이다. 그것은 운명이니 운명을 거스르려고 하지 말고 받아들여라.
2. 아무리 원숭이라도 방심을 하면 떨어지게 되니 방심을 하지 마라. 방심은 금물이다.
3. 원숭이도 자신이 배우지 못한 상황을 만났을 때는 나무에서도 떨어질 수가 있다. 그것은 경험을 하지 못했기 때문에 생긴 일이다. 하지만 한 번 나무에서 떨어진 원숭이는 그것을 경험 삼아 또 다시 떨어지지 않을 것이다.

1번도 맞고 2번도 맞을 수 있지만 이 속담은 3번을 이야기하고 싶은 것입니다.

실패하면 안 되는 건가요? 아닙니다. 실패해도 괜찮습니다. 사람이 살다 보면 잘할 때도 있고 못 할 때도 있는 거지 어떻게 사람이 살면서 실수 한 번 안 할 수 있겠습니까? 넘어지는 경험 없이 걸을 수 있는 아이가 없듯이 실수하기도 하고 실패하기도 하면서 세상 사는 방법을 터득하게 되는 것이지요. 실패는 우리의 능력이 부족해서 그런 것이 아니라 다양한 경험을 해 보지 못했기 때문에 얻게 되는 결과입니다. 그 때문에 우리는 매일의 경험을 통해 성장해야 합니다. 매일의 경험을 통해 강해져야 합니다. 실패하는 것을 두려워하지 않고 오늘도 새로운 상황에 도전하는 우리이길 힘차게 응원합니다.

체력을 단련하듯이
상상력도 단련해야 합니다.
상상력을 단련할수록
문제를 풀거나

중요한 것을 기억하는 일은
한결 쉬워집니다.

― 앤드류 매튜스 ―

"내가 어떠한 문제라도 쉽게 해결할 수 있는 비결?
그것은 내가 똑똑하기 때문이지.
똑똑하다는 것은 생각하는 힘이 강하다는 거야."

지금 우리가 살고 있는 세상은 풍부한 상상력과 문제 해결 능력이 뛰어난 사람을 필요로 하고 있습니다.

왜 지식이 풍부한 사람, 암기력이 좋은 사람, 외국어를 잘하는 사람, 체력이 뛰어난 사람 등 다양한 사람들이 있는데 하필 상상력이 풍부한 사람과 문제 해결 능력이 뛰어난 사람이 필요한 걸까요?

그 이유는 우리가 살고 있는 세상이 우리의 예상보다 빠르게 변화하고 있기 때문입니다. 빠르게 변화한다는 것은 우리가 예측할 수 없는 문제들이 여기저기에서 발생할 가능성이 높다는 이야기입니다.

오늘날 우리가 경험하는 문제들만 보더라도 예전에 비해 많이 난해하고 복잡한 형태로 빈번하게 발생하고 있습니다. 그 때문에 지금까지 경험해 보지 못한 문제를 해결하기 위해서는 예측할 수 없는 문제를 미리 상상할 수 있는 능력과 그 문제를 해결해 낼 수 있는 인재가 필요한 것입니다.

날아다니는 자동차와 순간이동장치, 투명 망토와 공해가 없는 자연에너지 등 어렸을 때 우리가 상상했던 모든 것들은 더 이상 어렸을 때만 하는 것, 어린아이들만의 상상이 되어서는 안 됩니다. 엉뚱하고 말도 안 되는 상상을 우리는 매일같이 해야만 합니다.

그 상상이 현실이 되고 그 상상을 실현하기 위한 노력들이 문제를 해결할 수 있는 힘 또한 키워 줄 것입니다.

영화 속에서 지구를 구하는 아이언맨은 더 이상 상상 속의 인물이 아닙니다. 슈트를 입고 자유롭게 날아다니는 시대가 곧 올 거라고 합니다. 우주를 여행하고 싶다는 사상이 현실이 될 거라고 이야기합니다. 상상하고 그 상상을 현실로 만들기 위해 노력하는 우리이길 응원합니다.

'멘털 블록(mental block)'이란
말이 있습니다.
'그런 생각을 해서는 안 돼,
그런 생각을 할 수는 없어'와 같이
스스로 만든 정신적인 장벽을 이야기합니다.
무언가를 해 보고 싶다면
이런 정신적 장벽을 깨는
'멘탈 블록 버스터(mental block buster)'가
되어야 합니다.

— 오마에 겐이치 —

"세상에 안 되는 게 어디 있어?
하면 되는 거지."

"Impossible?"
"I'm possible!"
"I can't?"
"I can!"

뇌 과학자들은 우리가 무심코 하는 말들이 우리가 우리 뇌에 명령을 내리는 명령어와 같다고 합니다.

그 때문에 무심코 "저걸 어떻게 해"라고 내뱉은 말은, 내가 나의 뇌에게 '이것은 내가 할 수 없는 일이니 괜한 일에 에너지를 소비하지 마라'는 명령을 내리는 것과 같은 것입니다.

이렇게 명령을 받은 우리의 뇌는 어떻게 행동할까요? 당연히 주인의 명령을 따릅니다. 왜냐하면 뇌도 에너지를 많이 쓰는 일을 싫어하기 때문입니다.

그래서 성공한 사람들은 무심코 내뱉는 말에도 정성을 다합니다. 그래야 뇌가 좋은 방향으로 자신을 움직일 것을 알기 때문입니다.

"아, 어렵다"는 말보다는 "한 번 해 볼까"라는 말을 사용하려고 노력하며, "나는 할 수 없어"보다는 "나는 할 수 있어"라는 말을 사용하려고 노력합니다.

"그냥 포기할까?"라는 말이 나올 법도 한데 "괜찮아, 더 힘든 상황도 이겨냈어"라며 자신의 뇌가 조금이라도 부정적인 방향으로 움직이지 않게 노력합니다.

이렇게 우리의 뇌를 통해 우리의 몸과 마음을 움직이는 말을 어떻게 사용하고 있었나요? 아직도 습관적으로 부정적인 말들을 뇌에 전달하고 있지는 않나요?

부정적인 말들을 줄이고 매일 "할 수 있다"를 외치며 스스로에게 긍정의 명령을 내리는 우리이길 응원합니다.

당신이 어디에 있는지를
생각하는 대신,

당신이 어느 곳에
있고 싶은지를
생각하십시오.

— 빈스 롬바르디 —

"너는 가고 싶은 곳 없어?
나는 가고 싶은 곳이 너무 많아.
어느 곳을 먼저 갈까?"

12살의 나이에 영화감독이 꿈이었던 아이가 있었습니다. 영화감독이 되겠다고 얼마나 이야기를 하고 다녔던지 그가 나중에 진짜 영화감독이 되었을 때 그의 주변 사람들은 그가 영화감독이 된 것이 당연한 일이라고 믿었다고 합니다. 모두가 당연히 영화감독이 될 거라 믿었던 그 아이의 이름은 바로 '스티븐 스필버그'입니다.

많은 사람들이 스필버그 감독은 재능이 뛰어났기 때문에 쉽게 영화감독이 되었을거라 생각하지만 그가 영화감독이 된 과정을 알게 된다면 스티븐 스필버그를 미친 사람이라고 이야기할 수도 있습니다.

스티븐 스필버그 감독은 무명 시절 유니버셜 영화사의 허락도 없이 유니버셜 촬영장으로 들어가 빈 사무실을 찾아 그곳에 '스필버그 감독 사무실'이란 간판을 걸고 2년 동안 감독행세를 하며 촬영장을 누빈 사람이었습니다. 감독 흉내를 내며 영화 촬영장을 누빈 것도 대단한데 스티븐 스필버그 감독은 영화 관련 고위 관계자 흉내까지 내며 영화 촬영장을 방문하여 영화와 관련된 많은 것들을 공부하였습니다. 이것이 기회가 되어 스필버그 감독은 촬영장에 방문한 영화 투자자들과도 만나 영화에 대한 이야기를 나누며 친분을 쌓기도 했습니다.

그때 만난 투자자 한 사람이 영화에 대한 스필버그 감독의 열정에 감동을 받아 스필버그 감독에게 투자를 하였고 그것이 발판이 되어 오늘 우리가 알고 있는 세계적인 영화감독 스티븐 스필버그가 된 것입니다.

어디에 있느냐 하는 것도 중요하기는 하지만, 그것보다 더 중요한 것은 어디로 가서 어떤 사람이 될 것인가 하는 것입니다. 오늘 나의 모습이 보잘것없더라도 내일을 꿈꾸며 오늘에 최선을 다하는 우리가 되길 응원합니다.

성공한 사람들의 특징은
스스로 일어서서
자신이 원하는 환경을
찾는 사람들입니다.
만약 그런 환경을
찾을 수 없다면
그들은 자신이 원하는 환경을
만듭니다.

— 조지 버나드 쇼 —

"산은 참 많은데 농사 지을 마땅한 땅이 없었습니다.
생각해 보니 산도 땅이었습니다.
그래서 산을 농사 지을 수 있는 땅으로 바꾸었습니다."

세상에서 가장 못난 사람이 누구인지 아시나요?

바로 남 탓하는 사람이라고 합니다. 바꾸어 말하면 자신의 행동에 대하여 책임지지 않으려는 사람이 세상에서 가장 못난 사람이라는 말입니다.

우리는 남 탓만 하는 사람과 함께 일하려고 하지 않습니다. 왜냐하면 잘되면 자기 덕이고, 잘못 되면 남을 탓할 것이 뻔하기 때문입니다.

아주 먼 옛날 세 명의 딸을 둔 부자가 있었습니다.

한 명은 게으르고, 또 한 명은 거짓말을 잘하고 나머지 한 명은 남 탓을 잘했습니다.

모두가 흠이 많다 보니 부자는 되도록이면 오랫동안 세 딸을 곁에 두고 살아야 했습니다. 그래도 언제까지 다 큰 딸들을 데리고 있을 수 없기에 부자는 자신의 딸들을 잘 이해하고 감싸 줄 수 있는 혼처를 찾아 시집을 보냈습니다. 세 딸을 다 시집 보냈지만 부자의 걱정은 태산 같았습니다. 왜냐하면 시집 간 딸들이 언제 쫓겨날지 몰랐기 때문입니다. 그래서 부자는 아침에 눈 뜨기가 무섭게 하인들에게 딸들이 쫓겨 오지는 않았는지 확인하는 게 일이었습니다.

모든 딸들이 다 걱정이 되었겠지만 부자가 가장 걱정을 한 딸은 바로 남 탓만 하는 딸이었습니다.

왜냐하면 남 탓만 하는 사람이 있는 곳에는 불화와 다툼이 끊이질 않는 것을 부자는 알고 있었기 때문입니다.

아니나 다를까 남 탓만 하는 딸은 얼마 못 가서 친정으로 쫓겨왔습니다.

모든 문제의 잘못이 시아버지, 시어머니 탓이고 남편 때문이니 시댁 사람들이 남 탓만 하는 이 딸을 좋아할 리 없었습니다.

몇 번이고 타일러 시댁으로 돌려보냈지만 며칠 못 가서 남 탓을 하는 딸은 돌아왔습니다.

부자는 하는 수 없이 남 탓만 하는 딸을 평생 데리고 살아야 했습니다.

성공한 사람들은 남을 탓하지 않습니다.

일이 잘되면 좋은 사람을 만났기 때문이고 일이 잘못되면 자신이 부족했기 때문이라고 생각합니다.

그래서 그들의 주변에는 좋은 사람들이 모여 듭니다.

그런 사람과 함께 지내면 비난 받을 일이 없기 때문입니다. 게다가 내가 잘하는 것을 인정해 주고 칭찬해 주니 모든 사람들이 신나게 일을 하게 되는 것입니다.

우리는 우리가 어떠한 마음을 먹느냐에 따라 우리가 있는 모든 곳을 좋은 곳으로 만들 수 있습니다.

사람을 탓하지 않고, 환경을 탓하지 않음으로 성공할 수 없는 환경을 극복하고 성공을 만들어 가는 우리이길 응원합니다.

나는 하루 중 98%는
내가 하는 일에 대해
긍정적인 자세로 살고 있으며
나머지 2%는
'어떻게 하면 매사에
긍정적인 사람이 될 수 있을까?'
연구합니다.

— 릭 티퍼노

"나의 미소가 당신의 기쁨이 될 수 있다면
이 정도쯤이야 아무것도 아닙니다.
웃으세요. 웃으면 행복해집니다!"

내 맘이 내 맘 같지 않을 때

릭 티피노는 NBA 최하위 팀 보스턴 셀틱스를 맡아 당시 최고의
팀이었던 시카고 불스를 상대로 승리를 거둔 감독입니다.

단 한 번의 승리라 할지라도 최하위 팀으로 최고의 팀을 이긴다
는 것은 결코 쉬운 일이 아닙니다.

더욱이 당시 시카고 불스팀은 3연속 우승을 차지할 만큼의 막강
한 전력을 가지고 있는 팀이었습니다. 그런 시카고 불스를 NBA
최하위로 평가받고 있던 보스턴 셀틱스가 꺾는다? 아무도 상상
하지 못한 일이었습니다.

릭 티피노 감독은 1997년 11월 개막전 3연승을 노리는 시카고 불
스를 맞이하여 92대 85로 이기며 신선한 충격을 몰고 왔습니다.

이후 NBA에서는 좋은 성적을 거두지 못했지만 릭 티피노 감독
은 여전히 미국 대학 농구의 전설입니다.

릭은 2%의 긍정적인 노력이 98%의 긍정적 삶을 이끈다고 이야
기합니다.

우리가 생각하는 것처럼 100%, 200%의 노력이 아니라 2%의
노력입니다.

3.5%의 소금이 바다를 지켜 주듯이 2%의 긍정적인 노력으로
98%의 긍정적인 삶을 살아보는 것은 어떨까요?

당신은 할 수 있습니다.

그런 당신을 응원합니다.

자신의 통제할 수 없는 일에 대하여

걱정하는 것은 이치에 맞지 않습니다.

왜냐하면 걱정해 봐야

소용없는 일이기 때문입니다.

스스로 통제할 수 있는 일에 대해서
걱정하는 것도 이치에 맞지 않습니다.
왜냐하면 그 일은 걱정할 필요가
없는 것이기 때문입니다.

— 웨인 다이어 —

"태풍이 불어서 건물이 무너지는 것을 내가 막을 수 있다면
당연히 막으려고 하겠지. 막을 수 있으니까 고민할 필요도 없겠지."
"막을 수 없다면?"
"막을 수 없으니까 고민할 필요가 없지!"
"그래? 막을 수 없는 것에 대해 고민해야 하는 거 아냐?"

내 맘이 내 맘 같지 않을 때

옛날 어느 마을에 비가 오면 비가 온다고 걱정하고, 해가 뜨면 해가 뜬다고 걱정하며 매일같이 한숨만 내쉬며 사는 할머니가 있었습니다.

그 이유가 궁금한 젊은이 한 명이 할머니를 찾아가 물었습니다.

"할머니, 왜 할머니는 일 년 내내 걱정만 하고 계시나요? 해가 뜨면 해가 뜬다고 걱정, 비가 오면 비가 온다고 걱정. 도무지 이해할 수가 없어요."

"이보게, 나에게는 우산을 팔아 생계를 유지하는 아들과 짚신을 팔아 생계를 유지하는 두 명의 아들이 있다네. 비가 오면 짚신을 파는 아들이 장사가 안 되어 굶을 것이고, 해가 나면 우산을 파는 아들이 장사가 안 되어 굶을 텐데 어찌 부모로서 걱정을 안할 수가 있겠나?"

우리는 참 많은 걱정을 하며 삽니다. 우리가 하는 모든 걱정이 우리에게 꼭 나쁜 것은 아니지만 우리는 굳이 하지 않아도 되는 걱정을 하며 살아갑니다. 오죽하면 '걱정도 사서 한다'라는 표현이 생겼겠습니까?

"나도 알아. 걱정한다고 해서 문제가 해결되지 않는다는 거. 하지만 어떻게 해? 나도 모르게 한숨이 나오고 걱정이 되는걸."

티벳에는 다음과 같은 속담이 있습니다.
걱정해서 걱정이 없어지면 걱정이 없겠네.

우리는 우리가 할 수 있는 일들과 할 수 없는 일들을 잘 구별해야 합니다. 그래야 할 수 없는 일에 쏟을 시간과 열정을 할 수 있는 일에 쏟음으로써 문제를 해결해 나갈 수 있기 때문입니다.
우리는 우리가 해결할 수 없는 일에 대하여 걱정하기보다는 우리가 해결할 수 있는 일에 최선을 다함으로써 쓸데없이 걱정하는 것을 줄여야 합니다.
그래서 걱정하는 일보다 감사하는 일들이 점점 더 많아지는 우리의 하루하루가 되길 응원합니다.

비참한 일을 생각하면 비참해지고,

무서운 일을 생각하면 무서워집니다.

아프다고 생각하면 아프게 되고,

실패할 거라 생각하면 반드시 실패하게 됩니다.

자신을 불쌍하다고 여기고

어떻게 할지 몰라 방황하게 되면

스스로의 삶으로부터 외면당하게 됩니다.

— 데일 카네기 —

"내가 게임을 좋아하는 이유는
게임 속 캐릭터들이 내 마음대로 움직인다는 거야.
나도 내 자신을 내 마음대로 움직일 수 있었으면 좋겠어!"

내 맘이 내 맘 같지 않을 때

징크스라고 들어 보셨나요?

징크스가 뭐라고 생각하시나요?

그냥 운이 안 좋은 것이 징크스라고 생각하시나요?

징크스를 사전에서 찾아보면 '재수 없는 일. 또는 불길한 징조의 사람이나 물건. 불길한 일. 불행. 재수 없는 일' 또는 '으레 그렇게 될 수밖에 없는 악운으로 여겨지는 것'으로 표현하고 있습니다.

징크스에는 어디 하나 좋은 의미가 없습니다.

그런데 사람과 이야기를 나누다 보면 저마다 "나에게는 이러이러한 징크스가 있어"라고 말하는 것을 보게 됩니다. 저마다 자신에게는 불행과 악운이 있다고 이야기하는 것입니다.

정말 모든 사람에게는 징크스라고 하는 것이 있는 걸까요? 정말 모든 사람에게는 악운이 있는 걸까요?

"내가 월드컵 경기를 보면 우리나라가 꼭 지더라고. 그래서 난 우리나라 축구 시합은 안 봐"라고 이야기하는 사람이 있습니다. 그럼 그 사람이 "나는 내가 보는 축구 시합은 다 이겼어"라고 말하는 사람과 함께 축구 시합을 보면 어떻게 될까요?

둘이 함께 본 축구 시합이 이기면 볼 때마다 지는 사람의 징크스가 깨지고, 둘이 함께 본 축구 시합이 지면 볼 때마다 이기는 사람의 징크스가 깨지는 건가요?

그럼 징크스라고 하는 것은 깰 수 있는 게 아닌가요?

세상은 내가 믿는 대로 흘러간다고 이야기합니다. 그렇기에 누구보다도 내가 나를 믿어 주어야 합니다. 할 수 없을지도 모른다는 불안감이 몰려올 때도 할 수 있다는 자신감으로 불안감을 물리쳐야만 합니다.

내가 나를 믿어 주지 않는데 다른 사람이 나를 믿어 주기를 바라는 것은 모순입니다.

내가 나를 사랑하는 것은 남도 나를 사랑할 수 있는 나의 가치를 스스로 만들어 가는 것입니다. 운 따위에 자신을 운명을 내어 맡기는 우리가 아니라 자신의 믿음으로 자신의 가치를 만들고 자신의 삶을 자신이 원하는 대로 개척해 나가는 우리이길 응원합니다.

마음에도 근육이 있어
처음부터 잘하는 것은 어렵다고 합니다.
하지만 날마다 연습을 한다면
어느 순간 자신도 모르게 어려운 역경들을
번쩍 들어올릴 수 있는
힘이 있음을 발견하게 될 것입니다.

— 공지영 —

"처음부터 뛰어 내렸냐고?
여길?
처음부터 어떻게 뛰어 내려. 목숨 걸고 연습했지!"

내 맘이 내 맘 같지 않을 때

많은 사람이 성공하기를 원합니다. 성공하기를 원하지만 방법을 몰라서 못한다고 이야기합니다.

정말 방법을 모르는 걸까요?

성공한 사람들은 성공하기를 원하는 사람들에게 다음과 같이 조언합니다.

"자신이 성공하는 모습을 눈앞에서 보는 것같이, 손으로 만질 수 있는 것같이 생생하게 꿈꾸고 생생하게 상상하십시오. 그러면 성공할 수 있습니다."

그런데 성공하는 사람이 우리가 생각하는 것만큼 많지 않습니다. 왜 그런 것일까요? 방법을 모르는 것도 아닌데 성공하는 사람들이 많지 않은 이유는 무엇일까요?

그것은 그들의 '마음의 근육'이라고 할 수 있는 '정신력'이 약하기 때문입니다.

정신력이 약하기 때문에 충분히 해결할 수 있는 문제 앞에서 문제를 해결하지 못하고, 충분히 견디어 낼 수 있는 시련 앞에서 버티지 못하고 무릎을 꿇고 마는 것입니다. 그동안 꿈꾸고 상상했던 것을 문제와 시련 앞에서 잊어버리기 때문입니다.

그래서 세상은 우리를 필요로 하는 것입니다. 왜냐하면 우리는 따뜻한 말 한마디라도 건네 줄 수 있고, 손 한 번 잡아 줄 수 있고, 어깨 한 번 토닥여 줄 수 있는 넉넉한 마음의 소유자이니까요.

"나도 제대로 못하는데 어떻게 다른 사람을 도와?"

나 혼자서 하려고 했기에 못했던 것입니다. 그러나 함께한다면 나 혼자서 못했던 것을 할 수 있습니다.

더불어 함께 성장하는 우리이길 응원합니다.

슬럼프란
스스로 그것을 인정하는
사람에게만 적용되는 말입니다.
나는 그렇게 배웠습니다.
흐린 날이 있으면 맑은 날도 있고,
오르막이 있으면 내리막도 있습니다.
나쁜 경험은 없습니다.
그것을 딛고 일어서는 사람에겐
모든 것이 좋은 경험입니다.

— 박세리(프로 골퍼) —

"아이고 아깝다. 조금만 더 갔으면 됐는데.
다음번에는 조금 더 힘을 줘서 치면 되겠어!"

내 맘이 내 맘 같지 않을 때

슬럼프(slump)란 '몸과 마음이 원하는 대로 되지 않으며, 하는 일들이 일시적으로 부진한 것'을 의미합니다.

일시적으로 부진하다는 것은 '앞으로 나아갈 힘이 잠깐 동안 모자란 상태'를 이야기하는 것입니다.

더 잘하고 싶은데 몸과 마음이 따라 주지 않아 제자리걸음을 하고 있는 것입니다.

일시적인 상황이지만 슬럼프를 경험하고 있는 사람은 그 시간이 일시적이지 않을 것 같은, 영원히 지속될 것만 같은 두려움에 빠지기도 합니다.

전문가들은 슬럼프일 때 부정적인 상황에 집중하기보다는 그것을 극복했을 때 자신에게 일어날 긍정적인 상황을 상상하라고 조언합니다.

"개구리도 움쳐야 뛴다."

개구리가 움츠리는 모습은 우리가 슬럼프에 빠졌을 때의 모습과 같습니다. 그러나 우리의 조상들은 개구리가 움츠리는 것을 보고 개구리를 움츠리게 하는 것에 시선을 둔 것이 아니라 개구리가 움츠린 다음 뛰는 것에 초점을 맞추었습니다.

어떠한 것에 시선을 두느냐 하는 것은 매우 중요합니다. 그것에 따라 포기하느냐 도전하느냐, 성공하느냐 실패하느냐가 결정되기 때문입니다.

누구나 슬럼프에 처할 수 있습니다. 그러나 이 또한 지나갑니다. 슬럼프를 극복한 사람에게 슬럼프란 훗날 웃으며 이야기할 수 있는 좋은 경험입니다.

매일 매 순간 좋은 경험만 할 수 없지만, 모든 경험을 좋은 경험으로 만들 수 있는 우리이길 응원합니다.

If you can dream it,
you can do it.
Laughter is timeless,

Imagination has no age,
and Dreams are forever.

꿈을 꿀 수 있다면 꿈을 이룰 수 있습니다.
웃음은 시대를 초월하고,
상상력에는 나이 제한이 없으며,
그리고 꿈은 영원합니다.

— 월트 디즈니 —

"내가 늙었다고?
내가 하는 생각들은 다 구닥다리고?
천만에, 나는 지금부터 시작이라고."

내 맘이 내 맘 같지 않을 때

많은 아이들은 어렸을 적엔 화가도 되고 싶고 가수도 되고 싶고 선생님도 되고 싶고 경찰관도 되고 싶고 과학자도 되고 싶고 대통령도 되고 싶고 탐험가도 되고 싶어했습니다.

되고 싶고 하고 싶은 것이 너무 많아 자기는 무엇을 하면 좋겠냐고, 자기는 어떤 사람이 되면 좋겠냐고 부모님에게 묻고 부모님들은 그것을 가지고 아이들과 함께 고민을 하였습니다. 그러고 보면 어릴 적 우리 아이들은 참 하고 싶은 것들이 많았던 것 같습니다. 그런데 그런 아이들이 지금은 하고 싶은 것이 없어서 고민이라고 이야기합니다.

그저 공부 열심히 해서 좋은 대학 들어가고, 좋은 직장에 취직하여 안정된 삶을 사는 것이 그들에게 주어진 임무이자 사명인 것처럼 살고 있습니다.

그러한 고민을 하고 있는 것은 우리 어른들도 마찬가지입니다.

'무엇을 해야 할까? 앞으로 노후는 어떻게 준비해야 할까? 지금 이렇게 살고 있는 게 잘 살고 있는 것인가?'

'무엇을 할까?'라는 질문이, 먹고사는 것 때문에 어쩔 수 없이 해야 하는 부담이 아니라, 해 보고 싶은 것이 많아 자연스럽게 해야 하는 즐거운 상상이 되었으면 좋겠습니다. 내가 지금 하고 있는 일들이 어쩔 수 없는 선택이 아니라, 내가 꿈꿔 온 나의 꿈을 이뤄가기 위한 선택이었으면 좋겠습니다. 나이가 들어 감을 탓하지 않고 아직도 하고 싶은 일들이 많아 '어떻게 하면 그것들을 다 해 볼 수 있을까?'를 고민하는 우리이길 응원합니다.

나는 매일 스스로에게
두 가지 말을 반복합니다.
하나는
'오늘은 왠지 나에게 큰 행운이 생길 것 같다'이고,
다른 하나는
'나는 무엇이든 할 수 있다'입니다.

— 빌 게이츠 —

"I can fly! I can fly!
오늘은 왠지 하늘을 날 수 있을 것 같아!"

내 맘이 내 맘 같지 않을 때

12월 31일에 지는 해와 9월 26일에 지는 해는 무슨 차이가 있을까요? 또 1월 1일에 뜨는 해와 9월 27일에 뜨는 해는 어떤 차이가 있을까요?

왜 사람들은 12월 31일에 지는 해를 보려고 구름떼같이 모여들면서 9월 26일에 지는 해를 보려고는 몰려들지 않는 걸까요? 왜 사람들은 1월 1일에 뜨는 해를 보려고 발딛을 틈도 없이 몰려들면서 9월 27일에는 뜨는 해를 보려고는 몰려들지 않는 걸까요?

도대체 어떤 차이가 있는 걸까요? 해가 바뀌는 것도 아닌데 날짜가 바뀌었다고 해서 행동까지 바뀌는 것은 무엇 때문일까요?

그것은 사람들의 생각이 바뀌었기 때문입니다. 생각이 바뀌었기 때문에 행동까지 바뀌게 된 것입니다.

그 때문에 우리는 행동하는 힘을 키우기 위해서는 생각하는 힘을 키워야 합니다. 그럼 어떻게 해야 생각하는 힘을 키울 수 있을까요?

생각하는 힘을 키우기 위해 가장 많이 사용하는 것은 독서와 명상입니다. 독서는 타인의 생각을 조용히 들을 수 있도록 도와주며 명상은 그들의 생각을 곱씹어 보도록 이끌어 줍니다.

우리는 독서를 통해 오래전 성인들의 조언을 들을 수 있으며 그들의 대화에 참여할 수 있습니다. 성인들과의 대화에서 긍정적인 생각을 할 수 있으며 생각의 힘을 키울 수 있습니다.

우리는 스스로에게 긍정의 말을 해 주어야 합니다. 그렇게 함으로써 우리의 행동을 긍정적인 방향으로 이끌어야 합니다. 요즘 스스로에게 해 주는 긍정의 말에는 어떤 것들이 있나요? 많아서 고민인 우리이길 응원합니다.

우리의 마음은
수천 개의 *채널*을 가지고 있는
텔레비전과 같습니다.
그 때문에 우리가 *선택*하는 채널대로
순간순간 우리가 *존재*하게 됩니다.
분노를 켜면 우리 자신이 분노가 되고,
평화와 기쁨을 켜면
우리 자신이 평화와 기쁨이 됩니다.

─ 틱낫한 ─

"무엇을 보길 원하시나요?
원하시는 채널을 켜세요.
액션, 코미디, 오락, 다큐 뭐든지 다 보실 수 있습니다."

내 맘이 내 맘 같지 않을 때

사람들은 보고 싶은 것만 보고, 듣고 싶은 말만 듣습니다. 어떻게 하면 보고 싶은 것만 보고 듣고 싶은 말만 들을 수 있을까요? 그것은 그렇게 하기로 마음먹었기 때문입니다. 이게 참 신기합니다. 어떻게 그렇게 하기로 마음먹었다고 그렇게 될 수 있을까요? 나다니엘 호손의 소설 『큰 바위 얼굴』은 무엇을 보고 사는가, 무슨 생각을 하며 사는가 하는 것이 중요하다고 이야기를 합니다.

사람은 보는 대로 생각하게 되고 생각하는 대로 행동하게 되며 행동하는 대로 살게 되기 때문입니다.

심리학에서는 이를 미러링 효과(Mirroring Effect) 또는 동조효과라고도 하는데 이는 거울이 비치는 사람의 행동을 따라하듯이 사람들은 자신이 보는 것을 따라하고 싶은 심리를 가지고 있기 때문이라고 합니다.

그래서 서울대학교 행복연구소 소장 최인철 교수는 행복해지고 싶으면 행복한 사람 옆으로 가라고 조언합니다. 사람은 행복한 사람 옆에 있는 것만으로도 행복지수가 올라가기 때문입니다.

여러분들이 보고 싶은 모습은 어떤 모습인가요?

어떤 모습으로 살기를 원하나요?

용기 있는 모습, 도전하는 모습, 항상 긍정적인 모습으로 살고 싶은데 그런 모습을 가진 사람이 주변에 없나요?

그럼 우리가 그러한 모습이 되어 주변 사람들에게 그런 사람이 되어 주는 것은 어떨까요? 그렇게 주변 사람들과 함께 유쾌하고 즐거운 시간을 보내는 것을 어떨까요?

상상하는 대로 이룰 수 있고 우리가 원하는 대로 될 수 있음을 믿는 우리이길 응원합니다.

일류 기업이 과거에
성공을 할 수 있도록 도움을 주었던
제품, 프로세스, 조직의 형태가
지금은 파멸의 원인이 되기도 합니다.
이러한 것을 볼 때 생존을 위한
제1법칙은 뚜렷해집니다.
바로 과거의 성공 원인을
미래의 위험 요소로
분류해 놓아야 한다는 것입니다.

― 앨빈 토플러 ―

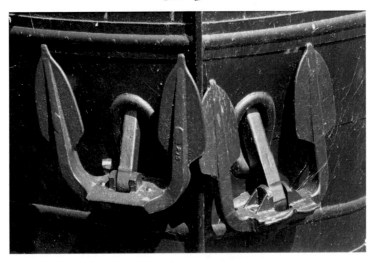

"나는 닻이라고 해.
배가 바다를 떠다니지 않게 고정시키는 역할을 하지.
하지만 나를 잘못 사용하면 앞으로 나가지 못할 수도 있어."

내 맘이 내 맘 같지 않을 때

'수신제가치국평천하(修身齊家治國平天下)'라는 말을 아시나요? 이 말 속에는 성공의 비결이 모든 담겨 있습니다. 그래서 군주와 왕들, 선비와 아버지들은 이 말을 되새기고 또 되새겼습니다.

천하를 잘 다스리려면 가정부터 잘 다스려야 하고, 가정을 잘 다스리기 위해서는 자신을 잘 다스려야만 한다는 말입니다. 다시 말해 자신을 잘 다스리지 못하면 가정과 나라, 더 나아가서는 천하를 다스릴 수 없다는 이야기입니다. 나를 다스린다는 것은 그만큼 중요합니다.

그 때문에 현명한 사람들은 어떠한 문제가 생겼을 때 다른 것보다 자신을 먼저 돌아보았습니다.

하지만 많은 사람들은 문제가 생겼을 때 그 문제의 원인을 밖에서 찾으려고 합니다. 왜냐하면 자신이 문제일 거라고는 생각하지 않기 때문입니다.

그러나 우리는 압니다. 문제의 원인이 밖에 있는 경우보다 안에 있는 경우가 더 많다는 것을 발견하게 됩니다.

'조금만 참을걸, 조금만 조심할걸, 조금만 더 신경 쓸걸, 조금만, 조금만.'

즉, 나의 성장을 방해하는 것은 나를 둘러싼 환경이 아니라 내면에 감추어진 내가 통제하지 못하는 또 다른 나입니다. 그런데도 많은 사람들은 그것을 인정하려고 하지 않습니다. 나에게도 문제가 있기는 하지만 그것이 문제가 되는 것은 아니라고 이야기합니다.

성공하기를 원한다면 나 자신부터 통제할 수 있어야 합니다. 자제력을 키워야 합니다. 내 속에 있는 또 다른 내가 나의 성공을 방해하지 못하도록 노력해야 합니다.

'수신제가치국평천하(修身齊家治國平天下)'를 능히 할 수 있는 우리이길 응원합니다.

자기 언행에 대하여
잘못이나 부족함이 없는지
돌아보는 사람은
부딪히는 일마다 모두 약이 될 것이요,
남을 원망하는 사람은
말과 행동이 모두 창과 칼이 될 것이다.

― 『채근담』 ―

"네가 무슨 말을 하든, 무슨 행동을 하든 상관없어.
네가 무슨 말을 하든 무슨 행동을 하든 난 그것들을
도마 위에 올려놓고 자르고 찍고 할 테니까!"

내 맘이 내 맘 같지 않을 때

사람들 중에 자신이 하루 동안 한 말들을 되돌아보는 사람이 몇 이나 될까요?

행동이야 시간의 연속성에 의해 되돌아보기가 쉽지만 한 번 내 뱉은 말들은 연속성을 지니고 있지 않기 때문에 신경 써서 한 말 들이 아니면 어떤 말들을 어떻게 했는지 되돌아보기는 쉽지 않 습니다.

그런데 왜 성현들은 우리에게 우리의 말과 행동을 돌아보라고 이 야기하는 걸까요? 왜 우리에게 다른 사람을 탓하는 말과 행동을 하지 말라고 충고하는 걸까요?

말과 행동이 그 사람의 전부가 될 수 있기 때문이며 말과 행동을 통해 그 사람을 평가할 수 있기 때문입니다.

'그저 한 번 잘못 말했을 뿐인데?'
'그저 한 번 잘못 행동했을 뿐인데?'

정말 그저 한 번 뿐일까요?

그리고 그 한 번이 우리가 생각하는 것만큼 작고 사소한 것일 까요?

싸움이 일어나는 대부분의 원인은 큰 실수에서부터 시작되는 것 이 아니라 작고 사소한 말에서부터 시작되는 경우가 많습니다. 그 것이 미움이 되고 그것이 싸움이 되어 사랑하던 사이가 원수로 바뀌기도 하는 것입니다.

그래서 지혜의 왕 솔로몬도 말을 할 때는 과일을 예쁘게 깎아 손 님을 대접하듯 정성을 다하라고 충고했습니다.

말은 어떻게 꺼내어 놓느냐에 따라 꽃향기가 되기도 하고, 똥 냄 새가 되기도 합니다. 우리가 하는 말에 따라 나비가 모일 수 있고, 파리가 모일 수도 있습니다.

우리의 말과 행동이 주변 사람들에게 좋은 향기가 되어 그들에 게 힘과 기쁨을 줄 수 있기를 응원합니다.

사랑이란,
돌처럼 한 번 놓인 자리에
그냥 있는 게 아닙니다.
그것은 빵처럼
항상 새롭게 구워져야 합니다.

— 어슐러 K. 르귄 —

"사람들은 내가 만든 빵을 좋아해요. 내 빵이 맛있대요.
비결이 뭐냐고요?
비결은 매일같이 빵을 새롭게 만드는 거예요. 처음 같은 마음으로."

내 맘이 내 맘 같지 않을 때

사랑에도 유효기간이 있을까요, 없을까요?

자신의 사랑을 곰곰히 생각해 보세요. 유효기간이 없는 사랑을 하고 계신가요? 아니면 있었는데 그것을 무시하고 계속 사랑하고 계시나요?

미국 코넬대학교 인간행동 연구소는 사랑의 유효기간이 18~30개월이라는 연구 결과를 내놓았습니다.

연구팀은 '사랑은 900일간의 폭풍'이란 연구 제목으로 연구 성과를 발표했습니다.

연구팀은 2년간 미국인 5,000명을 관찰했는데 그들이 연애를 시작한 지 18개월에서 30개월이 되면서부터 뜨겁던 사랑이 조금씩 식기 시작했다고 합니다.

연구에 따르면 사랑의 감정은 사랑에 빠진 1년 후 50%가 사라지며, 이후 계속 낮아지면서 통계적으로 결혼 4년째에 이혼할 확률이 가장 높았다고 이야기합니다.

이 연구 결과를 통해 우리가 알 수 있는 것은 모든 사람의 사랑에는 유효기간이 있다는 것입니다.

그 때문에 우리가 하고 있는 사랑이 유효기간이 다 되어 변하기 전에 새로운 사랑으로 바꿔야 한다는 것입니다.

그런데 이렇게 이야기하면 어떤 사람들은 자신의 상대에 대한 자신의 마음을 새롭게 하는 것이 아니라, 상대를 새로운 사람으로 바꿔야만 새로운 사랑을 하는 것이 가능하다고 말하는 사람이 있다는 것입니다.

상대방을 탓하며, 사랑하는 상대를 바꾸는 사랑은 오래가지 못합니다. 아니, 오래갈 수가 없습니다. 왜냐하면 그 사람의 사랑은 곧 유통기한이 다 되어 변해 버릴 것이기 때문입니다. 유효기간이 없는 사랑을 하게 되는 우리였으면 좋겠습니다. 매일 갓 구워낸 빵처럼 매일 신선하고 따끈따끈한 사랑을 하는 우리가 되길 응원합니다.

모범을 보인다는 것은
다른 사람에게 영향을 미칠 수 있는
좋은 방법 정도가 아니라,
단 하나의 방법입니다.

― 알베르토 슈바이처 ―

"엄마, 무서워요!"
"엄마가 건너는 것 봤잖아. 겁내지 말고 앞발을 내딛어 봐.
무서우면 엄마가 잡아줄게!"

이탈리아의 신경심리학자인 리촐라티(Giacomo Rizzolatti) 교수는 자신의 연구진과 함께 원숭이에게 다양한 동작을 시켜 보면서 그 동작을 따라 하는 것이 뇌에 어떠한 영향을 미치며 뇌의 뉴런과 어떻게 관계하는지를 관찰했습니다.

그러던 어느 날 리촐라티 교수는 한 원숭이가 다른 원숭이나 주위에 있는 사람의 행동을 보고만 있었는데도 자신이 직접 움직일 때와 마찬가지의 반응을 하는 뉴런들을 발견하였습니다. 그것이 바로 거울뉴런입니다.

리촐라티 교수는 이 거울뉴런이 뇌의 어느 한곳에만 분포하고 있는 것이 아니라 뇌의 여러 곳에 분포하고 있으며 관찰과 간접 경험을 하는 것만으로도 마치 그 일을 직접 하고 있는 것처럼 반응한다는 것을 알게 되었습니다.

'하지 않았음에도 해 본 것 같은 느낌을 갖게 한다면?'

학자들은 거울뉴런이 인간이 학습을 하며 성장을 하는 데 큰 도움을 주고 있음을 알게 되었습니다.

갓난 아기들만 관찰해 봐도 우리는 거울뉴런의 힘이 얼마나 대단한지 알 수 있습니다.

아기들은 자신들이 움직일 수 없기 때문에 오랜 시간 누워서 관찰하는 것으로 자신들이 걷는 이미지를 완성시킵니다. 그리고 그 완성된 이미지를 바탕으로 팔다리에 근육이 생기고 힘이 붙었을 때 수많은 반복과 시행착오를 통해 실제로 걷게 됩니다. 걷게 되면서 이미지를 통해 뛰고 달리고 점프했던 것들을 실제로 실현하는 것입니다.

어린아이들에게는 어른들의 말 하나, 행동 하나가 학습 도구가 되기 때문에 어른들이 어떠한 본을 보이느냐에 따라 아이의 삶이 만들어집니다. 우리의 좋은 본을 통해 우리 아이들의 삶이 행복해지길 응원합니다.

내가 헛되이 보낸 오늘 하루는

어제 죽어 간 사람들이

그토록 기다리던 내일입니다.

단 하루면,

인간의 모든 것은 멸망할 수도

소생할 수도 있습니다.

— 소포클레스 —

"기억하십시오.
내일은 절대 우리의 것이 아닙니다."

내 맘이 내 맘 같지 않을 때

시간을 돈으로 환산한다는 것 자체가 모순일 수 있지만 시간을 돈으로 환산해 본다면 얼마일까요?

미국의 권투선수였다가 이제는 은퇴해 래퍼가 된 플로이드 메이웨더 주니어는 2018년 스포츠 선수 중에서 수입 1위를 차지했습니다.

그의 연간 수입은 무려 2억 8,500만 달러로 한화로는 약 3,052억 원에 달하는 금액이었습니다.

그럼 그의 하루 일당은 얼마일까요? 계산해 보면 하루에 약 8억 3천만 원, 시간당 약 3,400만 원에 달하는 금액이었습니다. 이것을 또 분으로 계산해 보면 분당 약 57만 원. 그 때문에 메이웨더 선수와 약속을 하고 10분을 늦으면 그의 돈을 570만 원을 훔치는 것과 다름없습니다.

모두가 똑같이 사용하는 시간인데 어떻게 메이웨더의 시간은 3,400만 원이 되었고 누구의 시간은 8,350원이 된 걸까요?

메이웨더가 운이 좋았기 때문일까요? 운이 좋아서 그의 시간이 그렇게 가치 있게 된 걸까요?

메이웨더는 말합니다.

"나를 건방지고 재미없는 복서라고 욕해도 좋아. 언제나 앞에선 까불거리고 천진난만하지만 난 내일이 오는 게 두려울 정도로 하루하루 끔찍한 훈련을 하고 있어. 난 천재가 아니야. 진짜로 내 노력만큼은 인정해 줘."

메이웨더는 하루하루 끔찍한 훈련을 통해 자신의 시간의 가치 있게 만들었습니다. 수십 년 동안 꾸준히 흘린 땀방울과 그의 노력이 그의 시간을 가치 있게 만들어 준 것입니다. 우리도 우리의 시간을 가치 있게 만들기 원한다면 우리의 재능에 노력과 땀을 투자해야 합니다.

우리의 시간이 어제보다 더 가치 있기를 응원합니다.

나이가 든다고 해서

사는 게 조금 더 편해질 거라

생각지 마십시오.

편해지는 게 아니라 주변 상황에 대하여

조금 덜 흔들리게 될 뿐입니다.

— 〈사랑도 통역이 되나요〉 —

"나이가 든다는 것은 경험이 많다는 거야!
이미 경험해 봤기 때문에 조금 더 빨리 적응하는 것뿐이지.
처음 배를 타고 낚시할 때는 불안하지만 괜찮아. 곧 적응되거든!"

내 맘이 내 맘 같지 않을 때

어릴 적에는 어른이 되면 무엇이든지 마음대로 하며 살 수 있을 거라 생각했습니다.

일단 어른이 되면 학교에는 가지 않을 것이기 때문에 놀 수 있는 시간이 지금보다는 많아질 것이고, 놀 시간이 많으니 하고 싶은 것도 마음껏 하고, 가고 싶은 곳도 언제든지 갈 수 있을 거라 생각했습니다.

그런데 어른이 된 지금 어릴 적 생각했던 것처럼 마음대로 하며 살고 있을까요? 정말 그렇게 되었을까요?

아쉽게도 그렇게 되지 못했습니다.

학교에 가지 않는 것은 맞지만 시간은 어릴 적보다 더 없어졌습니다. 하고 싶은 것도 마음껏 할 수 있을 거라 생각했는데, 하고 싶은 것을 조금 더 미루어 두는 인내심도 생겼습니다. 가고 싶은 곳을 언제든지 갈 수는 있지만 그러기 위해서는 몇 가지를 포기해야 하기 때문에 신중하게 결정하는 방법도 배우게 되었습니다. 어릴 때보다는 누군가에 의해서 억지로 해야 하는 것들이 많이 없어지기는 했지만, 스스로 결정하고 행동한 것들에 대해서는 책임져야 하는 책임감도 생겼습니다.

시간이라고 하는 것이 어릴 적 생각했던 것보다 귀한 것이라는 것을 하루하루 실감하고 있으며, 이런저런 걱정 없이 놀 수 있었던 어린 시절이 큰 특권이자 축복이라는 것을 어른이 되고 나서야 깨달을 수 있었습니다.

바라는 것보다 감사할 일이 많아야 행복해질 수 있다는 것을 어른이 된 지금에서야 조금씩 느끼고 있습니다. 어른이 되어 간다는 시간의 흐름에 늙어 가는 것이 아니라 시간의 가르침 속에서 배우며 성장하는 것임을 알게 되었습니다.

어제보다 더 어른스러운 우리가 되길 응원합니다.

감사할 줄 모르는
자식을 갖는다는 것은
뱀에게 물리는 것보다
더 마음 아픈 일입니다.

— 셰익스피어 —

"'오냐! 오냐!' 하면서 자식을 키우면 쉽게 키울 수가 있지!
왜냐고? 해 달라는 것 다 들어주는데 자식하고 싸울 일이 없잖아!
그런데 아이가 커서 안 된다고 하면 아이가 이해하나? 그러니 싸우지!"

내 맘이 내 맘 같지 않을 때

옛날 어느 마을에 부모님을 일찍 여의고 고아가 된 소년이 있었습니다. 소년은 어렸기 때문에 일을 할 수 없어 동네를 돌아다니며 구걸한 것으로 생계를 유지할 수 있었습니다.

그런 소년을 가엾게 여긴 동네 부자가 이 소년을 거두어 집안일과 농사일을 가르치며 집에서 살도록 해 주었습니다. 소년은 부잣집에서 일을 배우며 먹고사는 걱정없이 청년으로 성장할 수가 있었습니다.

부자는 소년이 청년으로 성장하자 결혼도 시켜 주고 살 집도 마련해 주었습니다.

그러던 어느 날 청년이 부자를 찾아와 말했습니다.

"제가 어려서 이곳에 들어와 많은 일들을 하였습니다. 그러나 어르신께서는 한 번도 저에게 품값을 주신 적이 없습니다. 저도 결혼해서 가정을 꾸리고 살아야 하니 지금까지 제가 일한 품값을 계산하여 주십시오."

부자는 어려서부터 먹여 주고 입혀 주고 심지어는 집까지 얻어 결혼까지 시켜 주었는데 자신이 어려서부터 일한 것까지 계산하여 돈으로 달라는 청년의 말에 화가 났습니다.

"배은망덕도 분수가 있지, 오갈 데 없는 너를 지금까지 돌보아 주고 집까지 마련하여 결혼까지 시켜 주었는데 너는 내가 네게 베푼 은덕을 모르는구나."

부자는 배은망덕한 청년과 그의 가족들을 집에서 쫓아내었습니다.

여기서 '배은망덕(背恩忘德)'이란 말은 '상대방이 베풀어 준 도움과 혜택, 따뜻한 마음과 사랑을 잊어버리고 그것을 모른 채 하는 것'입니다. 그 대상이 남이어도 이렇듯 화가 나는데 그 대상이 자식이라면 오죽하겠습니까.

그러나 요즘 뉴스를 보면 배은망덕한 자식들이 적지 않음을 알 수 있습니다.

오죽하면 죽기까지 자녀들에게 유산을 물려주지 말라고 하며, 자녀들에게 물려주었던 유산을 되찾기 위해 소송까지 하겠습니까?

그래서 셰익스피어는 자녀를 키우는 부모들에게 똑똑한 자녀들보다 감사할 줄 아는 자녀로 키우는 것이 훨씬 낫다고 당부하는 것입니다.

부모님께 감사하는 삶을 살고 계신가요?

또 부모님께 감사할 줄 아는 자녀로 교육하고 계신가요?

효도하는 것까지 바라지 않는다는 요즘 부모님들에게 적어도 배은망덕하지 않은 자녀가 되어야 하지 않을까요? 똑똑한 아이들보다 부모님을 공경할 줄 아는 아이가 많았으면 좋겠습니다.

배은망덕이란 단어가 우리 사회와 가정에서 쓰이지 않았으면 좋겠습니다.

부모님께 늘 감사하고 존경하는 우리와 우리 자녀들이 되길 응원합니다.

여러분의 운명이

어떻게 될지 나는 모릅니다.
하지만 여러분 중 어떤 사람이
행복한 운명을 맞이할지는

알고 있습니다.
그 사람은 계속해서 섬기는 법을
찾으려는 사람입니다.

— 알베르토 슈바이처 —

"왜 아이들이 나를 좋아하는지 그 이유를 알아?
맞았어. 내가 아이들에게 선물을 주기 때문이야.
매년 나를 기다려 주는 아이들이 있어 나는 행복해!"

행복은 존중을 받으려는 상태가 아니라 존중을 하려는 상태에서 발견되는 것입니다.

사회에서도 가정에서도 행복은 섬김을 받으려 할 때가 아니라 섬기려고 할 때 우리의 삶 속에 스며듭니다.

우리 사회는 섬기지는 않고 섬김을 받으려는 지도자들로 인해 큰 상처를 받은 경험이 있습니다. 그리고 그것이 얼마나 많은 사람들을 아프게 했는지 너무나도 잘 알고 있습니다.

성경을 보면 예수는 스스로 왕이 되고자 했으면 왕이 될 수도 있었습니다. 그의 능력만으로도 충분히 로마 군대를 물리치고 이스라엘의 왕이 될 수 있었습니다.

그러나 예수는 자신을 왕으로 만들려 하는 자들에게 다음과 같이 이야기했습니다.

"내가 세상에 온 것은 섬김을 받으러 온 것이 아니라 섬기기 위해서입니다."

로마 군대를 물리고 충분히 왕이 될 수 있었음에도 불구하고 예수는 가난한 자와 병든 자, 귀신 들린 자들을 찾아 다니며 그들을 섬겼습니다. 그뿐만 아니라 자신을 따르는 사람들에게도 섬김으로 행복한 자가 되라고 이야기했습니다.

우리는 섬김을 받는 위치에 있어야 행복할 거라 생각하지만 행복을 경험한 사람들에 의하며 그렇지 않은 것 같습니다.

지금 내가 행복하지 않은 이유가 조금 더 대접받으려고 하고, 조금 더 인정받으려고 하고 남보다 조금 더 높은 곳으로 올라가 군림하려고 하기 때문은 아닌가요?

우리는 받는 기쁨도 크지만 주는 기쁨이 더 크다는 것을 알고 있습니다. 섬김으로 행복한 우리이길 응원합니다.

자신을 아는 일이
가장 어렵고
다른 사람에게
충고하는 일이
가장 쉽습니다.

— 탈레스 —

"나는 누구지?
나라서 내가 나를 가장 잘 알 것 같은데
오히려 내가 날 가장 잘 모르는 것 같아!"

사람들이 흔히 하는 이야기 중에 하나가 "나도 정말 나를 잘 모르겠어"입니다. 어떻게 자기 자신인데 모를 수가 있을까요?

그런데 곰곰히 돌이켜 생각해 보면 정말 우리는 우리 자신에 대해 잘 모르는 것 같습니다.

그래서 철학자 소크라테스는 만나는 사람들마다 "네, 자신을 알라"고 이야기하며 다녔는지도 모르겠습니다.

검색 사이트 네이버에는 사람들이 자신의 점심식사 메뉴로 무엇을 먹어야 할지 몰라서 묻는 사람들이 생각보다 많다고 합니다. 자신의 옷 취향부터 여행하는 것, 친구 사귀는 것까지 사람들이 자신이 무엇을 좋아하는지, 무엇을 하고 싶어 하는지도 몰라서 다른 사람들에게 자신에 대해 알려 달라고 요청한다고 합니다.

그런데 재밌는 사실은 자기 자신을 잘 몰라 주변 사람들에게 자주 묻는 사람들이 다른 사람의 질문과 요청에 대해서는 잘 알려 준다는 것입니다. 질문뿐만 아니라 그 사람도 깨닫지 못했던 잘못들과 단점들까지도 잘 설명해 준다는 것입니다.

어떻게 자신에 대해서는 잘 모르는 사람이 다른 사람에 대해서는 그렇게 잘 알고 있는 걸까요?

그것은 자신의 눈을 상대방을 보는 데만 사용하기 때문입니다. 겉으로 보이는 것만으로 그 사람를 다 안다고 착각하기 때문입니다. 우리의 눈은 자기 자신을 들여다보기보다는 다른 사람들을 보는 것이 훨씬 쉽기 때문입니다.

우리는 우리의 눈으로 다른 사람들을 보기보다는 자신을 먼저 들여다보고 자신에 대해 알아가야 합니다.

자신을 아는 일에 게으르지 않는 우리이길 응원합니다.

다리를 움직이지 않고는
좋은 도랑도 건널 수 없습니다.
소원과 목적은 있으되
노력이 따르지 않으면
아무리 환경이 좋아도 소용이 없습니다.
비록 재주가 뛰어나지 못하더라도
꾸준히 노력하는 사람은
반드시 성공을 거두게 됩니다.

— 말랭 —

"어두운 세상을 환히 밝히는 날 보고 어떤 생각이 들어?
태어날 때부터 내가 세상을 환히 밝히고 있으니
내 존재의 소중함을 모르겠지?
난 Never give up의 대명사라 할 수 있어!"

"노력하는 자는 넘어져도 경험을 얻지만 노력하지 않는 자는 아무것도 얻지 못합니다."

우리는 에디슨의 '필라멘트' 일화를 잘 알고 있습니다.
사람들은 에디슨이 전구를 최초로 발명했다고 생각하는데 최초로 전구를 발명한 사람은 영국의 '햄프리 데비'입니다. 그런데 왜 많은 사람들은 에디슨을 '최초의 전구 개발자'로 알고 있는 걸까요? 그것은 에디슨이 오늘날 우리가 사용하는 전구를 만든 사람이기 때문입니다.
햄프리 데비가 만든 전구는 오래 사용할 수가 없는 단점을 가지고 있었습니다. 그 이유는 전구의 핵심이라고 할 수 있는 필라멘트가 열을 받으면 쉽게 끊어져 버렸기 때문입니다. 많은 사람들이 그것을 개선하기 위해 노력했지만 계속된 실패에 많은 사람들은 곧 포기하고 말았습니다. 하지만 에디슨은 수천 번의 실패를 경험했음에도 불구하고 필라멘트를 실용화하기 위한 노력을 포기하지 않았습니다.
어떤 이들은 1만 번의 실패라고 하고, 어떤 이들은 2천 번의 실패라고 하지만 이 일화가 오늘을 사는 우리에게 전하고 싶은 것은 도전의 횟수보다는 실패를 바라보는 에디슨의 관점입니다. 에디슨은 자신의 실패는 실패가 아니라 늘 새로운 발견이었고, 늘 좋은 경험이었다고 생각했습니다.
도전하는 자에게 실패란 늘 있는 일이며 좌절할 만큼 심각한 일이 아닙니다. 실패하는 게 이상한 일이 아니라 실패하지 않는 게 이상한 일입니다.
실패에 초점을 두어 좌절하고 포기하기보다는 실패를 인정하고 매일 새롭게 도전하는 우리이길 응원합니다.

내 맘이 내 맘 같지 않을 때

줄탁동기

병아리가 알에서
나오기 위해서는
새끼와 어미닭이
안팎에서 서로 쪼아야 합니다

— 『벽암록』 —

"재촉하지 마세요.
저희 곧 나갑니다!"

알 속에서 다 자란 병아리는 부리로 껍질 안쪽을 쪼아 자신을 가두고 있는 알을 깨고 세상으로 나오려고 합니다. 이것이 '줄'입니다. 줄은 바로 병아리가 알껍데기를 깨기 위하여 안에서 쪼는 노력을 가리킵니다.

이때 어미닭은 품고 있는 알 속의 병아리가 부리로 쪼는 소리를 듣고 밖에서 알을 쪼아 새끼가 알을 깨는 행위를 도와주는데 이것이 바로 '탁'입니다. 탁은 어미닭이 병아리를 돕는 노력을 가리킵니다.

여기서 알껍데기를 쪼아 깨려는 병아리는 배움을 통하여 자신이 속해 있는 보이지 않는 경계를 깨고 다음 세계로 나아가려는 사람들이며, 어미 닭은 배우고자 하는 자에게 방법을 알려 주어 그들의 앞을 가로막는 경계를 뚫고 앞으로 나아가도록 돕는 사람이라고 할 수 있습니다.

이때 어미 닭의 역할이 중요합니다. 어미 닭은 병아리가 알을 깨고 나오는 데 도움만 줘야지 자신의 의지대로 병아리를 알 밖으로 꺼내서는 안 된다는 것입니다. 알을 깨고 나오는 것은 병아리 자신이 되어야지 어미 닭이 되어서는 안 됩니다.

우리에게는 스스로 해 낼 수 있는 힘이 있습니다. 그것을 의심해서는 안 됩니다. 그 때문에 어른과 부모, 선생과 스승 등 먼저 경험하고 먼저 습득하여 가르치는 위치에 선 사람들은 아이와 자녀, 배우고자 하는 학생들이 스스로의 힘으로 문제를 해결하고 성장할 수 있도록 기다려 주어야 합니다. 기다린다는 것이 쉬운 일 같지만 절대 쉬운 일이 아닙니다. 병아리의 노력을 기다림으로 응원하는 어미 닭처럼 기다려 줄 줄 아는 당신을 응원합니다.

남의 나라를

내 나라처럼 대하고,

남의 집을 내 집처럼 대하며,

남의 몸을 내 몸처럼 대하면

세상의 모든 혼란과 다툼,

전쟁은 사라집니다.

— 묵자 —

"괜찮아? 걸을 수 있겠어?"
"우리가 도와줄게."
"고마워!"

왜 사람들은 다른 사람들의 시선에 신경을 쓰는 걸까요? 왜 사람들은 다른 사람들과 다르게 보이는 것을 두려워하는 걸까요? 그것은 사람들이 자신과 다른 사람을 받아들이기보다는 밀어내려고 한다는 것을 알고 있기 때문입니다.

모두가 그런 것은 아니지만 대부분의 사람들은 나와 다른 사람을 낯선 사람, 이방인이라고 생각합니다. 이방인은 나와 함께 오래 머무는 사람이 아닙니다. 잠깐 머물다가 떠날 사람이기 때문에 정을 주고 마음을 주어 상처를 받는 것보다 그들에게 마음을 닫는 것이 현명한 행동이라 생각합니다. 사람들에게 '다르다'는 것은 상처를 받지 않기 위하여 조심해야 한다는 의미입니다.

그렇다고 해서 다르다는 것이 나쁘다고 할 수 있을까요? 절대 그렇지 않습니다. 다르다는 것은 말 그대로 다른 것뿐입니다. 그런데 왜 어떤 사람들은 다르다는 것을 나쁘게 생각하는 걸까요?

그것은 판단의 기준이 상대방이 아니라 자기 자신이기 때문입니다. 기준을 자기 자신에게 두다 보니 자신과 다르다는 것은 자신에게 동의해 주고 따라 주기보다는 자신과 다르게 가고 자신을 반대하는 사람이라고 생각하는 것입니다. 그래서 이러저러한 이유를 대며 나와 다른 사람들을 밀어내는 자신의 행동을 정당화하는 것입니다.

그러나 주위를 둘러보십시오. 나와 똑같은 사람이 몇이나 되나요? 단언컨대 나와 똑같은 사람은 단 한 명도 없습니다. 그 말은 우리 모두는 다 다르다는 것입니다.

우리는 다름을 인정하고 받아들여야 합니다. 나와 다른 사람들과 더불어 사는 방법을 터득해야 합니다.

어울림을 통해 더 행복해지는 우리이길 응원합니다.

내 맘이 내 맘 같지 않을 때

다른 누군가가

할 수 있거나

그의 인생에서

이룬 일이라면

나 또한 할 수 있고

이룰 수 있습니다.

― 토머스 J. 빌로드 ―

"처음부터 길이라고 하는 것이 있었을까?
길은 어떻게 생겨난 걸까? "

우리는 자주 핑계 찾기를 합니다.

"그 사람은 이러이러 해서 성공을 할 수 있었고, 지금 나는 이러 이러 하기 때문에 성공을 할 수가 없다."
"세상은 불공평하다. 아무런 노력을 하지 않아도 되는 사람은 되고, 아무리 노력을 해도 안 될 사람은 안 된다."

그런데 그거 아시나요?
성공한 사람들에게는 불평할 시간과 핑계를 찾을 시간조차 없었다는 것을 말입니다.
성공한 사람들은 실패할 수밖에 없었던 핑계를 찾기보다는 실패할 수밖에 없었던 이유를 분석합니다. 실패한 핑계를 찾는 것이 아니라 실패한 이유를 찾아 분석하였기 때문에 성공한 사람들은 자신들의 실패를 고치고 수정하면서 발전하고 성장하여 결국 성공할 수 있었던 것입니다.
실패에 대한 핑계는 나의 잘못을 발견하지 못하게 나의 눈을 가리지만, 실패에 대한 정확하고 냉철한 분석은 가리워져 있던 나의 눈을 뜨게 해 나를 더 높은 곳으로 이끌어 줍니다.
그 때문에 우리는 나의 실패가 부끄러워 가리고 숨기기에 급급하기보다 내가 성공해야만 하는 이유와 내가 성공할 수밖에 없는 장점과 재능을 찾는 데 초점을 맞춰야 합니다. 핑계대지 않고 인정하고 자신의 실패를 분석할 수 있다면 우리는 늘 성장하게 될 것입니다. 파이팅!

다른 사람들이
당신에게 했던 일 중
가장 싫어했던 일을
생각해 보시고
그것을 남에게
되풀이하지 않도록 주의하세요.

― 더 호크 ―

"나는 절대 내 밑의 부하 직원에게
이런 일은 시키지 않을 거야. 절대!"

중국 춘추시대 위나라의 유학자 자공이 공자에게 물어보았습니다.

"제가 평생 동안 실천할 수 있는 한 마디의 말이 있습니까?"

그러자, 공자는 자공에게 대답하였습니다.

"그것은 바로 용서의 '恕'입니다. 자신이 원하지 않으면 다른 사람에게도 권하지 말아야 합니다."

'공자는 자공에게 자신이 하고 싶지 않은 일은 다른 사람도 당연히 하고 싶어 하지 않을 것이기 때문에 내가 원하지 않는 일은 남에게도 강요해서는 안 된다'고 이야기를 한 것입니다.

그뿐만 아니라 용서를 실천하는 삶을 살라고 조언하였습니다. 그런데 많고 많은 단어들 중에 하필이면 '용서'라는 단어였을까요? 용서라는 단어는 사람이 사는 세상이라면 꼭 필요한 단어이기 때문입니다. 우리는 '용서'라는 단어가 사용되기 위해서는 '잘못'이라는 단어가 따라와야만 한다는 사실을 알고 있습니다. 잘못이라는 단어는 용서라는 단어와 함께 사람이 사는 곳이라면 그곳이 어디든지 따라 다니는 단어입니다.

왜 용서라는 단어와 잘못이라는 단어는 우리를 따라 다니는 걸까요? 그것은 사람들의 생각이 나와 같지 않기 때문입니다. 생각이 다르기 때문에 생각을 나누는 과정에서 잦은 다툼과 싸움이 발생하게 됩니다. 그래서 어제의 적이 오늘의 친구가 되고, 오늘의 친구가 내일의 적이 됩니다.

그 때문에 사람은 누군가에게 잘못을 하고, 누군가의 잘못을 용서하며 어울려 살아야만 합니다. 잘못하는 과정만 있고 용서하는 과정이 없다면 우리가 사는 이 세상은 지옥으로 변할 것입니다.

그래서 공자는 자공이 잘못은 적게 하고 용서는 많이 하면서 생각이 서로 다른 사람들과 잘 어울려서 태평성대를 이루며 살기를 소망했던 것 같습니다.

그럼 어떻게 용서가 사람들과 어울려 사는 좋은 방법이 되는 걸까요?

그것은 용서를 하기 위해서는 무엇보다도 상대방의 입장에서 상대방을 이해하려고 노력해야 하기 때문입니다. 용서를 경험해 본 사람들은 누군가를 용서한다는 것이 내가 마음먹는다고 해서 쉽게 할 수 있는 것이 아니라는 것을 알고 있습니다.

그래서 기독교에서는 용서는 사람이 자신의 의지로 할 수 있는 것이 아니고 하나님의 도움을 받아 상대방을 이해하고 사랑해야 가능한 것이라고 이야기합니다.

잘못은 적게 하고 용서는 많이 하는 우리가 되었으면 좋겠습니다. 용서를 하기 위해 상대방의 입장에도 서 보고 상대방의 관점에서 나를 돌아볼 수 있는 우리가 되었으면 좋겠습니다.

그래서 더불어 사는 것이 어려운 일이 아니라 즐겁고 행복한 일이 되었으면 좋겠습니다.

"용서하는 것이 제일 쉬웠어요"라고 말할 수 있는 우리가 되기를 응원합니다.

김매는 주인이
일꾼 아흔아홉보다 낫다.

― 한국 속담 ―

"남들은 내가 힘들 거라고 생각해!
맞아. 힘들어. 그러나 이렇게 하지 않으면 내 농작물이 자리지 않아.
이것들이 곧 열매를 맺어 날 기쁘게 해 줄 거야."

내 맘이 내 맘 같지 않을 때

정말 김을 매는 주인 한 명이 일꾼 아흔아홉 명보다 나을까요? 논리적으로 생각해 보고 이론적으로 따져봐도 말도 안 되는 소리입니다.

어떻게 한 사람이 아흔아홉 명이 일하는 것보다 나을 수 있을까요?

그런데 주인의 마음과 일꾼의 마음을 곰곰히 생각해 보면 그럴 수도 있겠다는 생각이 듭니다.

논리적으로 생각해 보고 이론적으로 따져봐도 말도 안 되는 소리인데 왜 속담이 맞을 수도 있겠다는 생각이 드는 걸까요?

속담이 진리처럼 받아들여지는 것은 한두 사람의 경험에서 나온 말이 아니라 오랜 시간을 걸치면서 수많은 사람들의 마음을 대변하는 말이기 때문입니다.

그래서 '속담'을 사전에서 찾아보면 '오랜 세월을 거쳐 삶에서 얻은 경험과 교훈이나 어떠한 가치에 대한 견해를, 간결하고도 형상적인 언어 형식으로 표현한 말'이라고 정의해 놓았습니다.

일의 양을 놓고만 본다면 당연히 아흔아홉 명의 일꾼이 주인보다 낫겠지요. 그러나 일의 모든 과정과 결과를 생각하는 마음은 주인이 아흔아홉 명의 일꾼보다 나을 것입니다.

우리는 누군가가 나의 일을 도와줄 때 그 사람이 내 일처럼 나를 도와주길 바랍니다. 그렇듯이 우리도 누군가가 도움을 요청하면 내 일 네 일 따지지 않고 모든 일을 내 일처럼 주인의 마음으로 도와주어야 합니다.

아흔아홉의 일꾼을 이기는 주인의 마음으로 내 일 네 일 따지지 않고 최선을 다해서 도와줄 수 있는 멋진 우리이길 응원합니다.

등산은 정상에 올랐을 때
기쁨이 가장 큽니다.
그러나 나의 최상의 기쁨은
험한 산을 기어 올라가는 순간이었습니다.

길이 험하면 험할수록 가슴이 뜁니다.

인생에 있어 모든 고난이

자취를 감추었을 때를 생각해 보십시오.
그것 이상 삭막한 것은 없습니다.

— 니체 —

"산이 없다면 어떻게 할 거냐고?
그럼 바다로 나가서 헤엄쳐야지!"

내 맘이 내 맘 같지 않을 때

많은 사람들이 고난과 역경을 부정적인 시각으로 바라보지 않고 긍정적인 시각으로 보면 우리를 강인하게 하고 보다 큰 역경과 어려움이 닥칠 때 견디며 극복할 수 있도록 도와주는 예방주사와 같이 고마운 것이라는 걸 모르지 않습니다. 그래도 사람들은 다음과 같이 생각합니다.

'내 삶 속에는 고난과 역경이라고 하는 것이 하나도 없었으면 참 좋겠다.'

살면서 고난과 역경 없이 하루하루가 좋은 일들로 가득하길 바라는 것은 모두의 바람입니다. 그런데 살면서 아프지 않고 고민하지 않고 흔들리지 않으며 마음 아파하지 않고 평생을 산다는 게 가능할까요?
일 년 365일 중 180일 비가 오는 땅에서 따사로운 햇빛은 축복이지만 일 년 내내 하늘이 맑고 햇빛만 내리쬐는 땅에서 햇빛은 축복이 아니라 고통과 고난의 원인이 된다는 것을 우리는 기억해야 합니다.

"사막이 아름다운 것은 보이지 않는 곳에 오아시스가 있기 때문이다."

그 오아시스는 어떻게 생기게 된 걸까요?
비가 와서 생긴 게 아닐까요?
우리의 바람이야 늘 행복, 늘 기쁨이겠지만 예상치 못한 어려움과 고난, 시련은 뜨거운 사막에 오아시스를 만들어 주고 사막을 아름답게 만드는 축복일 수 있다는 걸 잊지 않았으면 좋겠습니다. 쏟아지는 소나기를 불평하기보다 소나기 속에서도 기쁘게 춤을 출 줄 아는 우리가 되길 응원합니다.

내가 이 일을 계속 할 수 있었던
유일한 이유는
내가 사랑하는 일을
찾았기 때문입니다.
여러분도 사랑하는 일을
찾으셔야 합니다.
당신이 사랑하는 사람을 찾듯이
일도 마찬가지입니다.

— 스티브 잡스 —

"많은 사람들이 내게 말해.
남들이 알아주는 것도 아닌데 그렇게 힘들게 춤춰서 뭐 하냐고.
내가 좋으니까 춤추는 거야. 내가 정말 좋아하는 거니까!"

내 맘이 내 맘 같지 않을 때

지금 하시는 일이 마음에 드시나요?

지금 하시는 일이 싫었던 적은 없나요?

사람의 뇌는 현실과 가상을 구분하는 능력이 없어 속이기가 아주 쉽다고 합니다.

우리가 잘 알고 있는 '위약효과=플라시보 효과'가 대표적인 예라고 할 수 있습니다.

'플라시보(placebo)'는 라틴어의 I will please에서 온 말로, 자신에게 좋은 일이 생길 거라고 믿는 것입니다. 실제로는 아무 효과가 없는 약을 복용함에도 불구하고 자신이 유효한 약을 먹고 있다고 생각하기 때문에 아팠던 병이 낫는 것입니다.

그래서 옛 어른들은 "사람이 마음만 먹으면 못 할 일이 없는 거야"라고 말씀하셨는지도 모르겠습니다.

우리는 위와 관련하여 유명한 이야기 하나를 알고 있습니다. 바로 원효대사에게 '일체유심조'의 깨달음을 준 '해골바가지 물 사건'입니다.

원효대사와 의상대사는 불교에 대하여 더 많은 것을 배우기 위해 중국으로 유학을 가던 도중 밤이 깊고 어두운 데다 비까지 내려 비를 피하기 위해 동굴로 들어갔습니다. 거기서 원효대사는 자다가 목이 심히 말라 주변을 더듬거리다가 바가지에 물이 든 것을 발견하고 시원하게 마셨는데 그 물맛이 꿀맛과도 같이 느껴졌던 것입니다. 그러나 그다음 날 원효대사와 의상대사는 자신들이 비를 피하여 잠을 잔 곳이 동굴이 아니라 묘지 안이었던 것을 알고는 깜짝 놀랐습니다. 게다가 원효대사는 자신이 마신 물이 해골바가지에 담긴 썩은 물이었단 사실도 알게 되었습니다.

꿀맛과도 같았던 그 물이 썩은 물이었다는 사실은 원효대사에게는 큰 충격이었습니다.

'해골바가지에 담겨 있던 썩은 물이라는 사실을 알기 전까지 달콤하게만 느껴졌던 물이 한순간에 토해 내야만 하는 썩이 물로 바뀌게 된 것은 어떤 이유 때문일까?'

그때 원효대사는 세상의 모든 것은 사람의 마음에서 만들어 낸 것이라는 '일체유심조(Everything depends on the mind)' 사상을 깨닫고 당나라 유학을 포기하고 다시 고국인 신라도 돌아가 많은 백성들에게 깨달음을 전하게 됩니다.
내가 좋아하는 일을 하는 방법은 두 가지가 있습니다.

1. 내가 좋아하는 일을 한다.
2. 내가 하는 일을 좋아한다.

두 가지 중 어느 것이 더 쉬울 것 같은가요?
물론 둘 다 어렵습니다. 그러나 내가 좋아하는 일이 하는 것이 내가 하는 일을 좋아하는 것보다 쉬울 것입니다. 그러나 내가 하는 일까지 좋아할 수 있는 자세를 가진다면 세상의 모든 일들이 재밌고 즐거울 것입니다.
긍정적인 마음으로 자신이 하고 있는 일을 좋아했으면 좋겠습니다. 또한 자신이 하고 싶은 일들을 했으면 좋겠습니다.
내가 하고 싶은 일, 내가 좋아하는 일, 내가 사랑하는 일들을 함으로써 매일매일 행복한 우리이길 응원합니다.

나무의 **나이테**가

우리에게 가르치는 것은

나무는 겨울에도

자란다는 사실입니다.

그리고 겨울에 자란 부분일수록
여름에 자란 부분보다
더 단단하다는 **사실**입니다.

— 신영복 —

"살아 있는 동안에는 모든 것이 성장해!
그것은 자연의 법칙이지."

우리는 겨울에 모든 나무들이 혹독한 겨울 추위를 견디기 위해 성장하는 것을 멈추고 겨울이 빨리 지나가기를 기다린다고 생각합니다. 그러나 나무는 겨울이라고 해서 성장하는 것을 절대 멈추지 않습니다. 성장하기에 최악의 조건인 겨울에도 나무는 성장하기 위해서 최선의 노력을 합니다.

그런데 우리는 도대체 나무의 무엇을 보고 나무의 성장이 멈췄다고 생각을 하게 된 걸까요? 아마도 그것은 낙엽이 지고 나무에 잎이 하나도 없음을 보기 때문일 것입니다.

풍성한 나무 = 나무의 성장기
앙상한 나무 = 나무의 쇠퇴기

보이는 것만을 가지고 평가하는 것은 당연한 일입니다. 보이지 않는 것은 측정할 수도 평가할 수도 없기 때문입니다. 그 때문에 가지가 앙상한 나무를 보며 성장이 멈췄다고 생각하고, 나뭇잎이 무성하고 열매까지 맺히면 성장하고 있다고 생각하는 것은 이상한 일이 아닙니다.

그리고 보면 살아 있는 한 정지된 상태라고 하는 것은 없는 것 같습니다. 어떤 상황이든지 어떤 환경이든지 보이지는 않지만 조금씩 조금씩 성장하니까요.

그리고 보면 우리가 만나는 역경과 시련들은 우리의 성장을 돕는 조력자인 셈입니다. 역경과 시련을 통해 우리는 더 단단해질 테니까요.

우리 모두 겨울나무처럼 차가운 바람과 세찬 눈보라를 넉넉히 견디며 매일매일 성장하기를 응원합니다.

논리는 당신을
A에서 B로 이끌어 줄 것입니다.
그러나 상상력은 당신을
어떤 곳이든 데려다 줄 것입니다.

― 앨버트 아인슈타인 ―

"Enter를 누르는 순간
너는 네가 상상하는 곳 어디든지 갈 수 있어!"

이전의 세상은 단계적인 성장을 가르쳐 줄 사람이 필요했지만 미래의 세상은 단계를 뛰어넘어, 폭발적인 성장을 이끌 수 있는 사람을 필요로 합니다. 이것이 세상이 상상력과 창의력이 뛰어난 인재를 필요로 하는 이유입니다.

상상력과 창의력을 키우는 기본적인 바탕에는 3가지가 있습니다.

하나, 호기심을 갖는 것
둘, 새로운 것에 도전을 하는 것
셋, 경험의 폭을 넓히는 것

나이가 들면 아이와 같아진다는데 꼭 그런 것만은 아닌 것 같습니다. 왜냐하면 많은 노인들이 궁금해하지 않으며 도전하지 않으며 경험하는 것을 두려워하기 때문입니다.

정말 궁금한 것이 없어서 그런 것까요?
정말 도전해 보고 싶은 것이 없이 하나도 없는 걸까요?
정말 늙고 힘이 없어서 보다 많은 경험을 하고 싶지 않은 걸까요?
왜 사형선고를 받은 죄수처럼 나이라는 숫자에 갇혀 시간이 가기만을 기다리고 있는 걸까요?
저는 모든 사람들이 많은 상상을 했으면 좋겠습니다.
그 상상이 말이 되는 것이든 말이 되지 않는 것이든 상상하는 것만으로 즐거운 우리였으면 좋겠습니다.
상상하는 것이 가장 쉬운 우리가 되길 응원합니다.

바다에 사는 수많은 물고기 가운데

유독 상어만 부레가 없습니다.

부레가 없으면 물고기는 가라앉기 때문에

잠시라도 멈추면 죽게 됩니다.

그래서 상어는 태어나면서부터

쉬지 않고 요직여야만 하고,

그 결과 몇 년 뒤에는 바다 동물 중

가장 힘이 센 강자가 되는 것입니다.

— 잠쏘안 —

"안 된다고 포기하는 것은
어떤 상황 속에서도 적응할 수 있는
놀라운 능력을 포기하는 거야!"

물고기가 부레 없이 태어났다는 것은 단점이 아니라, 태어나지 않는 편이 오히려 축복일 수 있는 일입니다.

태어나지 않았더라면 고통을 느끼지도 않았을 테니 말입니다. 그런데 상어는 자신이 태어난 것을 불행하다 생각하지 않았습니다. 그뿐만 아니라 자신에게 부레가 없다는 것을 핑계 삼아 죽기만을 기다리지도 않았습니다.

상어는 '왜 나에게는 부레가 없을까?'를 고민하며 자신을 그렇게 만든 조물주를 탓하고 원망하기보다는 '부레 없이 이 험한 바다에서 살아남으려면 어떻게 해야 할까?'에 초점을 맞췄습니다. 그래서 상어는 부레가 없이도 바다에서 살아남는 방법을 깨우칠 수 있었습니다. 더 나아가 바다의 강자로 넓은 바다를 누비고 다닐 수 있게 되었습니다.

살아가면서 '삶의 초점을 어디로 두느냐?' 하는 것은 매우 중요합니다.

어떤 사람들은 자신이 가지고 있지 않은 것에 초점을 두고 자신이 가진 게 없음을 불평합니다. 불평하는 것에서 한 발 더 나아가 자신이 가지지 못한 것이 가진 자들 때문에 자신보다 더 가진 자들을 원망하기까지 합니다.

우리는 우리가 가지지 않는 것을 보며 불평하기보다는 내가 가지고 있는 것에 초점을 맞추고 그것이라도 가질 수 있음에 감사해야 합니다.

우리는 우리를 불행하게 만드는 것들에게서 눈을 돌려 우리를 행복하게 만들어 줄 수 있는 나의 장점에 초점을 맞추어야 합니다. 그리고 그것을 키움으로 단점이 보이지 않도록 해야 합니다.

가진 것이 없어도 행복해할 수 있는 우리가 되기를 응원합니다.

우리는 압박을 받을 때 투덜거리고
불평하는 사람들을 알고 있습니다.

그들은 바로 겁쟁이입니다.

그들은 당당하지 못합니다.
그러나 같은 압박을 받아도
불평하지 않는 사람들이 있습니다.
그들은 그러한 압박이
자신을 연마시킨다는 것을
알고 있습니다.

— 성 아우구스티누스 —

"각오를 하고 도전하는 사람들은 불평하지 않아.
각오하지 않기 때문에 불평하게 되는 거야.
지금 네게 필요한 것은 삶에 대한 단호한 각오야!"

사람은 다음과 같이 두 가지로 구분할 수 있습니다.

1. 용감한 사람
2. 겁쟁이

그럼 어떤 사람이 용감한 사람일까요?
무섭고 두려워하는 마음이 많지만 그럼에도 불구하고 앞으로 한 발 내딛는 사람입니다.
그럼 어떤 사람이 겁쟁이일까요?
무섭고 두려워하는 마음이 커서 도망칠 이유를 찾기 위해 매사에 투덜거리고 불평하는 사람입니다. 앞으로 나가기는커녕 제자리도 지키지 못하고 뒤로 도망가는 사람이 바로 겁쟁이입니다.
무섭고 두려운 마음이 있는 것은 똑같은데 도대체 무엇이 겁쟁이와 용감한 사람으로 구분하는 걸까요?
그것은 자신감입니다. 용감한 사람에게는 있고 겁쟁이에게는 없는 것이 바로 자신감입니다.
겁쟁이가 투덜거리고 불평을 하는 것은 두려움과 무서움에 맞서 이길 자신이 없기 때문입니다. 하지만 우리는 겁쟁이의 그러한 행동이 자신에 대한 자신감이 없기 때문에 둘러대는 핑계임을 잘 알고 있습니다.
자신이 없는 사람의 입에서 나오는 말은 불평과 핑계가 되지만, 자신 있는 사람의 입에서 나오는 말은 비평과 분석이 됩니다.
미래를 기대하기보다는 미래에 대하여 걱정하고 있지는 않나요?
걱정하지 마세요! 우리에게는 그 어떤 것도 이겨낼 수 있는 힘과 능력이 있으니까요.
자신감으로 당당해질 우리의 하루를 응원합니다.

장벽이 있는 것은 다 이유가 있습니다.

장벽은 우리를 내몰려고 있는 것이 아닙니다.
장벽은 우리가 무언가를 얼마나
절실히 원하는 지 깨달을 수 있도록

기회를 제공하기 위해 있는 것입니다.

우리는 장벽이 그것을 절실하게 원하지 않는

사람들을 멈추게 하려고

거기 있다는 것을 깨달아야 합니다.
장벽은 절실히 원하고 있는 당신이 아닌,
절실하게 원하지 않는 다른 사람들을
멈추게 하려고 거기 있는 것입니다.

— 랜디 포시 —

절실하다는 것은 매우 시급하고 중요한 것이며, 뼈에 사무칠 만큼 강렬할 뿐 아니라, 이것 외에는 다른 방법이 없다고 생각하는 것입니다.

그래서 절실하다고 느끼지 못하는 대부분의 사람들은 자신이 지금 하고 있는 일들을 적당히 합니다. 꼭 해야 하는 것도 아니며, 그것이 아니어도 먹고살 수 있는 다른 방법이 있을 거라고 생각하기 때문입니다.

절실해야 할 상황에 절실함을 느끼는 못하는 사람들에게 옛 어른들이 한결같이 하셨던 이야기들이 있습니다.

"네가 아직 배가 덜 고팠구나!"
"네가 아직은 먹고살 만한가 보구나!"
"네가 아직도 고생을 덜 해 봤구나!"

절실한 사람은 눈빛부터가 다르다고 합니다. 그뿐만 아니라 일과 사람을 대하는 태도도 다르다고 합니다.

절실해지면 삶의 자세가 바뀔 수밖에 없다고 이야기합니다. 만약 우리가 정말로 절박한 상황에 놓여 절실함을 느끼고 있다면, 우리는 변해야 합니다. 예전과 같은 마음가짐과 태도만으로는 지금 우리를 막고 있는 수많은 문제들과 거대한 장벽을 넘어설 수 없기 때문입니다.

마부작침

정말로 바늘이 필요한 사람은 도끼를 갈아서라도 바늘을 만듭니다. 어떤 벽을 만나든, 어떤 문제를 만나든 넉넉히 넘어서고 풀어낼 수 있는 우리이길 응원합니다.

"내가 포기할 줄 알았지?
천만에, 네가 아무리 내가 올라올 수 없게 막아도 난 포기하지 않아.
나에게는 포기할 수 없는 꿈이 있거든!"